Indijska Kuhinja

Tajne Aromatične Kuhinje

Sanja Joshi

Indeks

Murgh Bagan-e-Bahar 17
    Sastojci 17
    metoda 18
Piletina na maslacu 19
    Sastojci 19
    metoda 20
pileća sukha 21
    Sastojci 21
    metoda 22
Indijska pečena piletina 23
    Sastojci 23
    metoda 24
Začinjena kajgana 25
    Sastojci 25
    metoda 25
Pileći curry sa suhim kokosom 26
    Sastojci 26
    metoda 27
Jednostavno rečeno 28
    Sastojci 28
    metoda 29
Južnjački pileći curry 30
    Sastojci 30

Za začine: 31
metoda 31
Pileći paprikaš s kokosovim mlijekom 32
Sastojci 32
metoda 33
Chandi Tikka 34
Sastojci 34
metoda 35
Tandoori piletina 36
Sastojci 36
metoda 37
Murgh Lajawab 38
Sastojci 38
metoda 39
Lahori piletina 40
Sastojci 40
metoda 41
Pileća jetra 42
Sastojci 42
metoda 42
Balti pilići 43
Sastojci 43
metoda 44
začinjena piletina 45
Sastojci 45
metoda 46
Pileće razrjeđivanje 47

Sastojci 47
metoda 48
Pohana pileća krilca 49
Sastojci 49
metoda 49
Murgh Mussalam 50
Sastojci 50
metoda 51
Pileća poslastica 52
Sastojci 52
metoda 53
Sally pilići 54
Sastojci 54
metoda 55
Pržena piletina Tikka 56
Sastojci 56
metoda 57
lov na kokoši 58
Sastojci 58
metoda 58
Nadan Kozhikari 59
Sastojci 59
metoda 60
majčino dijete 61
Sastojci 61
metoda 62
Piletina Methi 63

Sastojci 63

metoda 64

Pikantne pileće nogice 65

Sastojci 65

Za mješavinu začina: 65

metoda 66

Dieter pileći curry 67

Sastojci 67

metoda 68

rajske kokoši 69

Sastojci 69

Za mješavinu začina: 69

metoda 70

Pileća rizala 71

Sastojci 71

metoda 72

Pileće iznenađenje 73

Sastojci 73

metoda 74

piletina sa sirom 75

Sastojci 75

Za marinadu: 75

metoda 76

Goveđa korma 77

Sastojci 77

Za mješavinu začina: 77

metoda 78

Dhal Kheema 79
　Sastojci 79
　Za mješavinu začina: 79
　metoda 80
svinjski curry 81
　Sastojci 81
　Za mješavinu začina: 81
　metoda 82
Shikampoole kebab 83
　Sastojci 83
　metoda 84
poseban ovan 86
　Sastojci 86
　Za mješavinu začina: 86
　metoda 87
Zeleni masala kotlet 88
　Sastojci 88
　Za mješavinu začina: 88
　metoda 89
Kebab u slojevima 90
　Sastojci 90
　Za bijeli sloj: 90
　Za zeleni sloj: 90
　Za narančasti sloj: 91
　Za mesni sloj: 91
　metoda 91
Barrah Champ 93

- Sastojci 93
- metoda 94
- ukiseljena janjetina 95
  - Sastojci 95
  - metoda 96
- Goanski janjeći curry 97
  - Sastojci 97
  - Za mješavinu začina: 97
  - metoda 98
- Bagara meso 99
  - Sastojci 99
  - Za mješavinu začina: 99
  - metoda 100
- Jetrica u kokosovom mlijeku 101
  - Sastojci 101
  - Za mješavinu začina: 101
  - metoda 102
- Janjeća masala s jogurtom 103
  - Sastojci 103
  - Za mješavinu začina: 103
  - metoda 104
- Korma u Khada Masali 105
  - Sastojci 105
  - metoda 106
- Curry od janjetine i bubrega 107
  - Sastojci 107
  - Za mješavinu začina: 108

metoda 108

Gosht Gulfam 110

    Sastojci 110

    Za umak: 110

    metoda 111

Janjetina Do Pyaaza 112

    Sastojci 112

    metoda 113

Tijesto za pečenu ribu 114

    Sastojci 114

    metoda 115

fiš paprikaš 116

    Sastojci 116

    metoda 117

Kari od kozica i jaja 118

    Sastojci 118

    metoda 119

Riblja krtica 120

    Sastojci 120

    metoda 120

Škampi Bharta 122

    Sastojci 122

    metoda 123

Začinjena riba i povrće 124

    Sastojci 124

    metoda 125

Kotlet od skuše 126

- Sastojci 126
- metoda 127
- tandoori rak 128
  - Sastojci 128
  - metoda 128
- Punjena riba 129
  - Sastojci 129
  - metoda 130
- Kari od škampa i cvjetače 131
  - Sastojci 131
  - Za mješavinu začina: 131
  - metoda 132
- Pržene školjke 133
  - Sastojci 133
  - metoda 134
- Prženi škampi 135
  - Sastojci 135
  - metoda 136
- Skuša u umaku od rajčice 137
  - Sastojci 137
  - metoda 138
- Konju Ullaruathu 139
  - Sastojci 139
  - metoda 140
- Chemeen Manga Curry 141
  - Sastojci 141
  - metoda 142

Jednostavan Machchi Fry 143
    Sastojci 143
    metoda 143
Macher Kalia 144
    Sastojci 144
    metoda 145
Pečena riba u jajetu 146
    Sastojci 146
    metoda 146
Lau Chingri 147
    Sastojci 147
    metoda 148
Riba rajčica 149
    Sastojci 149
    metoda 150
Chingri Machher Kalia 151
    Sastojci 151
    metoda 151
Riblji tikka kebab 152
    Sastojci 152
    metoda 152
Usitnite Chingri Machher 153
    Sastojci 153
    metoda 154
Pečena riba 155
    Sastojci 155
    metoda 155

Kozice sa zelenim paprom 156

    Sastojci 156

    metoda 156

Macher Jhole 157

    Sastojci 157

    metoda 158

Macher kreveti 159

    Sastojci 159

    metoda 160

Chingri Machher Shorsher Jhole 161

    Sastojci 161

    metoda 162

Kari od škampa i krumpira 163

    Sastojci 163

    metoda 164

mekani škampi 165

    Sastojci 165

    metoda 166

Koliwada riba 167

    Sastojci 167

    metoda 168

Rolat od ribe i krumpira 169

    Sastojci 169

    metoda 170

Masala od škampa 171

    Sastojci 171

    metoda 172

riba s češnjakom 173
    Sastojci 173
    metoda 173
riža s krumpirom 174
    Sastojci 174
    Za knedle: 174
    metoda 175
Umak od povrća 176
    Sastojci 176
    metoda 177
Kachche Gosht ki Biryani 178
    Sastojci 178
    Za marinadu: 178
    metoda 179
Achari Gosht ki Biryani 180
    Sastojci 180
    metoda 181
Yakhni Pulao 183
    Sastojci 183
    metoda 184
Hyderabadi Biryani 186
    Sastojci 186
    Za mješavinu začina: 186
    metoda 187
Riža sa začinima i povrćem 188
    Sastojci 188
    metoda 189

Kale Moti ki Biryani 190
    Sastojci 190
    metoda 191
Mince & Masoor Pulao 193
    Sastojci 193
    metoda 194
Pileći Biryani 195
    Sastojci 195
    Za marinadu: 195
    metoda 196
Rižoto od kozica 198
    Sastojci 198
    Za mješavinu začina: 198
    metoda 199
Biryani s krumpirovim jajima 201
    Sastojci 201
    Za mapu: 202
    metoda 202
Nasjeckajte Pulao 204
    Sastojci 204
    metoda 205
Chana Pulao 206
    Sastojci 206
    metoda 206
Jednostavan Khichdi 208
    Sastojci 208
    metoda 208

Masala riža 209

    Sastojci 209

    metoda 210

riža s lukom 211

    Sastojci 211

    metoda 211

kuhana riža 213

    Sastojci 213

    metoda 213

Škampi Pulao 214

    Sastojci 214

    metoda 215

Murgh Bagan-e-Bahar

(pileća košarica na žaru)

4 porcije

Sastojci

Posolite po ukusu

1½ žličice paste od đumbira

1½ žličice paste od češnjaka

1 žličica garam masale

8 pilećih bataka

30g/1oz listova metvice, sitno nasjeckanih

2 žlice osušenih sjemenki nara

50g / 1¾oz jogurta

1 žličica mljevenog crnog papra

sok od 1 limuna

Masala Chaat*testirati

metoda

- Pomiješajte sol, pastu od đumbira, pastu od češnjaka i garam masalu. Napravite zareze na batacima i marinirajte u ovoj smjesi 1 sat.

- Pomiješajte preostale sastojke osim chaat masale.

- Mljevenu smjesu pomiješajte s piletinom i ostavite sa strane 4 sata.

- Pecite piletinu na roštilju 30 minuta. Prelijte chaat masalom. Poslužiti.

Piletina na maslacu

4 porcije

Sastojci

1 kg / 2¼ lb piletine, izrezane na 12 komada

Posolite po ukusu

1 žličica šafrana

sok od 1 limuna

4 žlice maslaca

3 velike glavice luka sitno nasjeckane

1 žličica paste od đumbira

1 žličica paste od češnjaka

1 žlica mljevenog korijandera

4 velike pasirane rajčice

125 g / 4½ oz jogurta

metoda

- Marinirajte piletinu sa soli, kurkumom i limunovim sokom sat vremena.

- Zagrijte maslac u tavi. Dodajte luk i pržite dok ne postane proziran.

- Dodajte pastu od đumbira, pastu od češnjaka i mljeveni korijander. Pržite na srednjoj vatri 5 minuta.

- Dodajte mariniranu piletinu. Pržiti 5 minuta. Dodajte pire od rajčice i jogurt. Pokrijte poklopcem i kuhajte 35 minuta. Poslužuje se vruće.

pileća sukha

(suha piletina)

4 porcije

Sastojci

2 žlice rafiniranog biljnog ulja

4 velike glavice luka sitno nasjeckane

1 kg / 2¼ lb piletine, izrezane na 12 komada

4 nasjeckane rajčice

1 žličica šafrana

2 zelene paprike, narezane na ploške

8 režnjeva mljevenog češnjaka

5 cm / 2 in. Korijen đumbira, naribani

2 žlice garam masale

2 kocke pileće juhe

Posolite po ukusu

50 g / 1¾oz lišća korijandera, nasjeckanog

metoda

- Zagrijte ulje u tavi. Pržite luk na srednje jakoj vatri dok ne porumeni. Dodajte ostale sastojke osim listova korijandera.

- Dobro promiješajte i kuhajte na laganoj vatri 40 minuta uz povremeno miješanje.

- Ukrasite listićima korijandera. Poslužuje se vruće.

Indijska pečena piletina

4 porcije

Sastojci

1 kg / 2¼ lb piletine

1 žlica soka od limuna

Posolite po ukusu

2 velike glavice luka

2,5 cm / 1 in. korijen đumbira

4 češnja češnjaka

3 karanfila

3 kapsule zelenog kardamoma

5 cm / 2 in cimeta

4 žlice rafiniranog biljnog ulja

200 g krušnih mrvica

2 nasjeckane jabuke

4 kuhana jaja, nasjeckana

metoda

- Ostavite piletinu da se marinira u soku od limuna i soli 1 sat.

- Sameljite luk, đumbir, češnjak, klinčiće, kardamom i cimet s dovoljno vode da dobijete glatku pastu.

- Zagrijte ulje u tavi. Dodajte pastu i pržite na laganoj vatri 7 minuta. Dodajte krušne mrvice, jabuke i sol. Kuhajte 3-4 minute.

- Ovom smjesom napunite piletinu i pecite 40 minuta na 230°C (450°F, plinska oznaka 8). Ukrasite jajima. Poslužuje se vruće.

Začinjena kajgana

4 porcije

Sastojci

3 žlice rafiniranog biljnog ulja

750g / 1lb 10oz pilećih kobasica, narezanih

4 zelene paprike, juliened

1 žličica čilija u prahu

2 žličice mljevenog kima

10 češnjeva mljevenog češnjaka

3 rajčice, narezane na četvrtine

4 žlice hladne vode

½ žličice svježe mljevenog papra

Posolite po ukusu

4 jaja, lagano tučena

metoda

- Zagrijte ulje u tavi. Dodajte kobasice i pržite na srednjoj vatri dok ne porumene. Dodajte sve preostale sastojke osim jaja. Dobro promiješati. Kuhajte na laganoj vatri 8 do 10 minuta.

- Lagano dodajte jaja i miješajte dok se jaja ne stvrdnu. Poslužuje se vruće.

Pileći curry sa suhim kokosom

4 porcije

Sastojci

1 kg / 2¼ lb piletine, izrezane na 12 komada

Posolite po ukusu

sok od pola limuna

1 veliki luk, narezan na ploške

4 žlice osušenog kokosa

1 žličica šafrana

8 češnjeva češnjaka

2,5 cm / 1 in. korijen đumbira

½ žličice sjemena komorača

1 žličica garam masale

1 žličica maka

4 žlice rafiniranog biljnog ulja

500 ml / 16 fl oz vode

metoda

- Marinirajte piletinu sa soli i limunovim sokom 30 minuta.

- Pržite luk i osušeni kokos 5 minuta.

- Pomiješajte sa svim preostalim sastojcima osim ulja i vode. Samljeti s dovoljno vode da se dobije glatka pasta.

- Zagrijte ulje u tavi. Dodajte pastu i pržite na laganoj vatri 7-8 minuta. Dodajte piletinu i vodu. Kuhajte 40 minuta. Poslužuje se vruće.

Jednostavno rečeno

4 porcije

Sastojci

1 kg / 2¼ lb piletine, izrezane na 8 komada

Posolite po ukusu

1 žličica čilija u prahu

½ žličice šafrana

3 žlice rafiniranog biljnog ulja

2 velike glavice luka sitno nasjeckane

1 žličica paste od đumbira

1 žličica paste od češnjaka

4-5 cijelih crvenih paprika bez sjemenki

4 manje rajčice, sitno nasjeckane

1 žlica garam masale

250 ml / 8 fl oz vode

metoda

- Marinirajte piletinu sa soli, paprom u prahu i kurkumom 1 sat.

- Zagrijte ulje u tavi. Dodajte luk i pržite na srednje jakoj vatri dok ne porumeni. Dodajte pastu od đumbira i pastu od češnjaka. Pržiti 1 minutu.

- Dodajte mariniranu piletinu i ostale sastojke. Dobro promiješati. Pokrijte poklopcem i kuhajte 40 minuta. Poslužuje se vruće.

Južnjački pileći curry

4 porcije

Sastojci

1 žličica paste od đumbira

1 žličica paste od češnjaka

2 zelene paprike, nasjeckane

1 žličica soka od limuna

Posolite po ukusu

1 kg / 2¼ lb piletine, izrezane na 10 komada

3 žlice rafiniranog biljnog ulja

2,5 cm/1 u cimetu

3 kapsule zelenog kardamoma

3 karanfila

1 zvjezdasti anis

2 lista lovora

3 velike glavice luka sitno nasjeckane

½ žličice čilija u prahu

½ žličice šafrana

1 žlica mljevenog korijandera

250 ml / 8 fl oz kokosovog mlijeka

Za začine:

½ žličice sjemena gorušice

8 listova curryja

3 cijele sušene crvene paprike

metoda

- Pomiješajte pastu od đumbira, pastu od češnjaka, zeleni papar, limunov sok i sol. Ostavite piletinu da se marinira u ovoj smjesi 30 minuta.

- Zagrijte pola ulja u tavi. Dodajte cimet, kardamom, klinčiće, zvjezdasti anis i lovorov list. Pustite ih da mjehuriće 30 sekundi.

- Dodajte luk i pržite na srednje jakoj vatri dok ne porumeni.

- Dodajte mariniranu piletinu, čili u prahu, kurkumu i mljeveni korijander. Dobro promiješajte i pokrijte poklopcem. Kuhajte na laganoj vatri 20 minuta.

- Dodajte kokosovo mlijeko. Dobro promiješajte i kuhajte još 10 minuta uz stalno miješanje. Odložio ga je na stranu.

- Zagrijte preostalo ulje u manjoj tavi. Dodajte sastojke za začin. Pustite ih da mjehuriće 30 sekundi.

- Ovaj začin ulijte u pileći curry. Dobro izmiješajte i poslužite vruće.

Pileći paprikaš s kokosovim mlijekom

4 porcije

Sastojci

2 žlice rafiniranog biljnog ulja

2 glavice luka, svaka nasjeckana na 8 komada

1 žličica paste od đumbira

1 žličica paste od češnjaka

3 zelene paprike, prerezane po dužini

2 žlice garam masale

8 pilećih bataka

750 ml / 1¼ litre kokosovog mlijeka

200g / 7oz smrznutog povrća

Posolite po ukusu

2 žličice rižinog brašna, otopljene u 120 ml/4 fl oz vode

metoda

- Zagrijte ulje u tavi. Dodajte luk, pastu od đumbira, pastu od češnjaka, zeleni čili i garam masalu. Pržite 5 minuta uz stalno miješanje.

- Dodajte štapiće i kokosovo mlijeko. Dobro promiješati. Kuhajte 20 minuta.

- Dodajte povrće i sol. Dobro promiješajte i kuhajte 15 minuta.

- Dodajte smjesu rižinog brašna. Kuhajte 5-10 minuta i poslužite vruće.

Chandi Tikka

(prženi komadići piletine prekriveni zobenim pahuljicama)

4 porcije

Sastojci

1 žlica soka od limuna

1 žličica paste od đumbira

1 žličica paste od češnjaka

75 g / 2½ oz cheddar sira

200 g / 7 oz jogurta

¾ žličice mljevenog bijelog papra

1 čajna žličica sjemenki crnog kima

Posolite po ukusu

4 pileća prsa

1 razmućeno jaje

45 g / 1½ oz zobi

metoda

- Pomiješajte sve sastojke osim pilećih prsa, jaja i zobenih pahuljica. Ostavite piletinu da se marinira u ovoj smjesi 3-4 sata.

- Marinirana pileća prsa umočite u jaje, prekrijte zobenim pahuljicama i pecite na roštilju sat vremena uz povremeno okretanje. Poslužuje se vruće.

Tandoori piletina

4 porcije

Sastojci

1 žlica soka od limuna

2 žličice paste od đumbira

2 žličice paste od češnjaka

2 zelene paprike, sitno naribane

1 žlica lišća korijandera, mljevenog

1 žličica čilija u prahu

1 žlica garam masale

1 žlica mljevene sirove papaje

½ žličice narančaste prehrambene boje

1½ žlice rafiniranog biljnog ulja

Posolite po ukusu

1 kg / 2¼ lb cijelog pileta

metoda

- Pomiješajte sve sastojke osim piletine. Napravite zareze na piletini i ostavite je da se marinira u ovoj smjesi 6-8 sati.

- Pecite piletinu u pećnici zagrijanoj na 200°C (400°F, plinska oznaka 6) 40 minuta. Poslužuje se vruće.

Murgh Lajawab

(kuhana piletina s bogatim indijskim začinima)

4 porcije

Sastojci

1 kg / 2¼ lb piletine, izrezane na 8 komada 1 žličica paste od đumbira

1 žličica paste od češnjaka

4 žlice gheeja

2 žličice maka, mljevenog

1 čajna žličica sjemenki dinje*, kat

6 badema

3 kapsule zelenog kardamoma

¼ žličice mljevenog muškatnog oraščića

1 žličica garam masale

2 komada jabuke

Posolite po ukusu

750 ml / 1¼ litre mlijeka

6 niti šafrana

metoda

- Marinirajte piletinu s pastom od đumbira i češnjaka jedan sat.

- Zagrijte ghee u tavi i pržite mariniranu piletinu 10 minuta na srednje jakoj vatri.

- Dodajte sve preostale sastojke osim mlijeka i kurkume. Dobro promiješajte, pokrijte poklopcem i kuhajte 20 minuta.

- Dodajte mlijeko i kurkumu i kuhajte 10 minuta. Poslužuje se vruće.

Lahori piletina

(Sjeverozapadna granična piletina)

4 porcije

Sastojci

50g / 1¾oz jogurta

1 žličica paste od đumbira

1 žličica paste od češnjaka

1 žličica čilija u prahu

½ žličice šafrana

1 kg / 2¼ lb piletine, izrezane na 12 komada

4 žlice rafiniranog biljnog ulja

2 velike glavice luka sitno nasjeckane

1 žličica sjemenki sezama, samljevenih

1 žličica mljevenog maka

10 indijskih oraščića, mljevenih

2 velike zelene paprike, očišćene od sjemenki i nasjeckane

500 ml / 16 fl oz kokosovog mlijeka

Posolite po ukusu

metoda

- Pomiješajte jogurt, pastu od đumbira, pastu od češnjaka, čili u prahu i kurkumu. Ostavite piletinu da se marinira u ovoj smjesi 1 sat.

- Zagrijte ulje u tavi. Pržite luk na laganoj vatri dok ne porumeni.

- Dodajte mariniranu piletinu. Pržiti 7-8 minuta. Dodajte sve preostale sastojke i kuhajte 30 minuta uz povremeno miješanje. Poslužuje se vruće.

Pileća jetra

4 porcije

Sastojci

3 žlice rafiniranog biljnog ulja

2 velike glavice luka sitno nasjeckane

5 češnja mljevenog češnjaka

8 pilećih jetrica

1 žličica mljevenog crnog papra

1 žličica soka od limuna

Posolite po ukusu

metoda

- Zagrijte ulje u tavi. Dodajte luk i češnjak. Pržite na srednjoj vatri 3-4 minute.

- Dodajte sve preostale sastojke. Pržite 15-20 minuta uz povremeno miješanje. Poslužuje se vruće.

Balti pilići

4 porcije

Sastojci

4 žlice gheeja

1 žličica šafrana

1 žlica sjemenki gorušice

1 žlica sjemenki kumina

8 režnjeva mljevenog češnjaka

2,5 cm / 1 in. Korijen đumbira, sitno nasjeckan

3 manja luka nasjeckana

7 zelenih paprika

750g / 1lb 10oz pilećih prsa, mljevenih

1 žlica mljevenog korijandera

1 žlica jedinstvenog vrhnja

1 žličica garam masale

Posolite po ukusu

metoda

- Zagrijte ghee u tavi. Dodajte kurkumu, sjemenke gorušice i sjemenke kumina. Pustite ih da mjehuriće 30 sekundi. Dodajte češnjak, đumbir, luk i zelenu papriku te pržite na srednjoj vatri 2-3 minute.

- Dodajte sve preostale sastojke. Kuhajte na laganoj vatri 30 minuta uz povremeno miješanje. Poslužuje se vruće.

začinjena piletina

4 porcije

Sastojci

8 pilećih bataka

2 žličice zelenog čili umaka

2 žlice rafiniranog biljnog ulja

2 velike glavice luka sitno nasjeckane

10 češnjeva mljevenog češnjaka

Posolite po ukusu

šećer u prahu

2 žličice sladnog octa

metoda

- Marinirajte piletinu s čili umakom 30 minuta.

- Zagrijte ulje u tavi. Dodajte luk i pržite na srednjoj vatri dok ne postane proziran.

- Dodajte češnjak, mariniranu piletinu i sol. Dobro promiješajte i kuhajte 30 minuta uz povremeno miješanje.

- Dodajte šećer i ocat. Dobro izmiješajte i poslužite vruće.

Pileće razrjeđivanje

(Piletina u bogatom umaku)

4 porcije

Sastojci

5 žlica rafiniranog biljnog ulja

20 mljevenih badema

20 indijskih oraščića, mljevenih

2 male glavice luka, zdrobljene

5 cm / 2 in. Korijen đumbira, naribani

1 kg / 2¼ lb piletine, izrezane na 8 komada

200 g / 7 oz jogurta

240 ml / 6 fl oz mlijeka

1 žličica garam masale

½ žličice šafrana

1 žličica čilija u prahu

Posolite po ukusu

1 prstohvat kurkume, namočen u 1 žlicu mlijeka

2 žlice nasjeckanog lišća korijandera

metoda

- Zagrijte ulje u tavi. Dodajte bademe, indijske oraščiće, luk i đumbir. Pržite na srednjoj vatri 3 minute.

- Dodajte piletinu i jogurt. Dobro promiješajte i kuhajte na srednjoj vatri 20 minuta.

- Dodajte mlijeko, garam masalu, kurkumu, čili u prahu i sol. Dobro promiješati. Pokrijte poklopcem i kuhajte na laganoj vatri 20 minuta.

- Ukrasite šafranom i listićima korijandera. Poslužuje se vruće.

Pohana pileća krilca

4 porcije

Sastojci

¼ žličice kurkume

1 žličica garam masale

1 čajna žličica chaat masale*

Posolite po ukusu

1 razmućeno jaje

Rafinirano biljno ulje za prženje

12 pilećih krilaca

metoda

- Pomiješajte kurkumu, garam masalu, chaat masalu, sol i jaje da dobijete glatko tijesto.

- Zagrijte ulje u tavi. Pileća krilca umočite u tijesto i pržite na srednje jakoj vatri dok ne porumene.

- Ocijedite na upijajućem papiru i poslužite vruće.

Murgh Mussalam

(punjena piletina)

6 porcija

Sastojci

2 žlice gheeja

2 velike glavice luka, naribane

4 kapsule crnog kardamoma, mljevene

1 žličica maka

50g / 1¾oz sušenog kokosa

1 žličica jabuke

1 kg / 2¼ lb piletine

4-5 žlica besana*

2-3 lista lovora

6-7 kapsula zelenog kardamoma

3 žličice paste od češnjaka

200 g / 7 oz jogurta

Posolite po ukusu

metoda

- Zagrijte ½ žlice gheeja u tavi. Dodajte luk i pržite dok ne porumeni.

- Dodajte kardamom, mak, kokos i jabuku. Pržiti 3 minute.

- Ovom smjesom napunite piletinu i zašijte otvor. Odložio ga je na stranu.

- Zagrijte preostali ghee u tavi. Dodajte sve preostale sastojke i piletinu. Kuhajte 1,5 sat uz povremeno miješanje. Poslužuje se vruće.

Pileća poslastica

4 porcije

Sastojci

4 žlice rafiniranog biljnog ulja

5 cm / 2 in. cimet u prahu

1 žlica kardamoma u prahu

8 mljevenih klinčića

½ žličice naribanog muškatnog oraščića

2 velika luka, nasjeckana

10 češnjeva mljevenog češnjaka

2,5 cm / 1 in. Korijen đumbira, naribani

Posolite po ukusu

1 kg / 2¼ lb piletine, izrezane na 8 komada

200 g / 7 oz jogurta

300 g / 10 oz pirea od rajčice

metoda

- Zagrijte ulje u tavi. Dodajte cimet, kardamom, klinčiće, muškatni oraščić, luk, češnjak i đumbir. Pržite na srednjoj vatri 5 minuta.

- Dodajte sol, piletinu, jogurt i pire od rajčice. Dobro promiješajte i kuhajte 40 minuta uz stalno miješanje. Poslužuje se vruće.

Sally pilići

(Piletina s krumpirićima)

4 porcije

Sastojci

Posolite po ukusu

1 žličica paste od đumbira

1 žličica paste od češnjaka

1 kg / 2¼ lb piletine, mljevene

3 žlice rafiniranog biljnog ulja

2 velike glavice luka sitno nasjeckane

1 žličica šećera

4 rajčice, pasirati

1 žličica šafrana

250g/9oz slanog čipsa od krumpira

metoda

- Pomiješajte sol, pastu od đumbira i pastu od češnjaka. Ostavite piletinu da se marinira u ovoj smjesi 1 sat. Odložio ga je na stranu.

- Zagrijte ulje u tavi. Pržite luk na laganoj vatri dok ne porumeni.

- Dodajte mariniranu piletinu i šećer, pire od rajčice i kurkumu. Pokrijte poklopcem i kuhajte 40 minuta uz stalno miješanje.

- Po vrhu pospite krumpiriće i poslužite vruće.

Pržena piletina Tikka

4 porcije

Sastojci

1 kg / 2¼ lb piletine bez kostiju, mljevene

1 litra / 1 litra mlijeka

1 žličica šafrana

8 kapsula zelenog kardamoma

5 karanfila

2,5 cm/1 u cimetu

2 lista lovora

250g/9oz basmati riže

4 žličice sjemena komorača

Posolite po ukusu

150 g / 5½ oz jogurta

Rafinirano biljno ulje za prženje

metoda

- Pomiješajte piletinu s mlijekom, šafranom, kardamomom, klinčićima, cimetom i lovorovim listom. Kuhajte u tavi na laganoj vatri 50 minuta. Odložio ga je na stranu.

- Sameljite rižu sa sjemenkama komorača, soli i dovoljno vode da dobijete finu pastu. Dodajte ovu pastu u jogurt i dobro umutite.

- Zagrijte ulje u tavi. Umočite komade piletine u smjesu od jogurta i pržite na srednjoj vatri dok ne porumene. Poslužuje se vruće.

lov na kokoši

4 porcije

Sastojci

500 g / 1 lb 2 oz piletine, mljevene

10 zgnječenih režnjeva češnjaka

5 cm / 2 in. Korijen đumbira, Juliana

2 zelene paprike, nasjeckane

½ žličice sjemenki crnog kima

Posolite po ukusu

metoda

- Mljeveno meso pomiješajte sa svim sastojcima i mijesite dok ne dobijete jednolično tijesto. Ovu smjesu podijelite na 8 jednakih dijelova.

- Ražnjiće i pecite na roštilju 10 minuta.

- Poslužite vruće uz chutney od mente

Nadan Kozhikari

(Piletina s komoračem i kokosovim mlijekom)

4 porcije

Sastojci

½ žličice šafrana

2 žličice paste od đumbira

Posolite po ukusu

1 kg / 2¼ lb piletine, izrezane na 8 komada

1 žlica sjemenki korijandera

3 crvene paprike

1 žličica sjemena komorača

1 žličica sjemena gorušice

3 velike glavice luka

3 žlice rafiniranog biljnog ulja

750 ml / 1¼ litre kokosovog mlijeka

250 ml / 8 fl oz vode

10 listova curryja

metoda

- Miješajte kurkumu, pastu od đumbira i sol 1 sat. Ostavite piletinu da se marinira u ovoj smjesi 1 sat.

- Pecite sjemenke korijandera, crvenu papriku, sjemenke komorača i sjemenke gorušice. Pomiješajte s lukom i meljite dok ne dobijete glatku pastu.

- Zagrijte ulje u tavi. Dodajte pastu od luka i pržite na laganoj vatri 7 minuta. Dodajte mariniranu piletinu, kokosovo mlijeko i vodu. Kuhajte 40 minuta. Poslužuju se ukrašeni listićima curryja.

majčino dijete

4 porcije

Sastojci

3 žlice rafiniranog biljnog ulja

5 cm / 2 in cimeta

2 kapsule zelenog kardamoma

4 karanfila

4 velike glavice luka sitno nasjeckane

2,5 cm / 1 in. Korijen đumbira, naribani

8 režnjeva mljevenog češnjaka

3 velike rajčice, sitno nasjeckane

2 žličice mljevenog korijandera

1 žličica šafrana

Posolite po ukusu

1 kg / 2¼ lb piletine, izrezane na 12 komada

500 ml / 16 fl oz vode

metoda

- Zagrijte ulje u tavi. Dodajte cimet, kardamom i klinčiće. Pustite ih da mjehuri 15 sekundi.
- Dodajte luk, đumbir i češnjak. Pržite na srednjoj vatri 2 minute.
- Dodajte preostale sastojke osim vode. Pržiti 5 minuta.
- Ulije se u vodu. Dobro promiješajte i kuhajte 40 minuta. Poslužuje se vruće.

Piletina Methi

(Piletina kuhana s listovima piskavice)

4 porcije

Sastojci

1 žličica paste od đumbira

2 žličice paste od češnjaka

2 žličice mljevenog korijandera

½ žličice mljevenog klinčića

sok od 1 limuna

1 kg / 2¼ lb piletine, izrezane na 8 komada

4 žličice maslaca

1 žličica suhog đumbira u prahu

2 žlice osušenih listova piskavice

50 g / 1¾oz lišća korijandera, nasjeckanog

10 g / ¼ oz listova mente, sitno nasjeckanih

Posolite po ukusu

metoda

- Pomiješajte pastu od đumbira, pastu od češnjaka, mljeveni korijander, klinčiće i sok od pola limuna. Ostavite piletinu da se marinira u ovoj smjesi 2 sata.
- Pecite na 200°C (400°F, plinska oznaka 6) 50 minuta. Odložio ga je na stranu.
- Zagrijte maslac u tavi. Dodajte prženu piletinu i sve preostale sastojke. Igra dobro. Kuhajte 5-6 minuta i poslužite vruće.

Pikantne pileće nogice

4 porcije

Sastojci

8-10 pilećih bataka izbockanih vilicom

2 razmućena jaja

100 g / 3½ oz griza

Rafinirano biljno ulje za prženje

Za mješavinu začina:

6 crvenih paprika

6 češnjeva češnjaka

2,5 cm / 1 in. korijen đumbira

1 žlica nasjeckanog lišća korijandera

6 karanfila

15 zrna crnog papra

Posolite po ukusu

4 žlice sladnog octa

metoda

- Miješajte sastojke mješavine začina dok ne nastane glatka pasta. Ostavite batake da se mariniraju u ovoj pasti sat vremena.
- Zagrijte ulje u tavi. Batake umočiti u jaje, umočiti u griz i pržiti na srednjoj vatri dok ne porumene. Poslužuje se vruće.

Dieter pileći curry

4 porcije

Sastojci

1 žličica paste od đumbira

1 žličica paste od češnjaka

200 g / 7 oz jogurta

1 žličica čilija u prahu

½ žličice šafrana

2 nasjeckane rajčice

1 žličica mljevenog korijandera

1 žličica mljevenog kima

1 čajna žličica osušenih listova piskavice, smrvljenih

2 žličice garam masale

1 žličica kiselog krastavca manga

Posolite po ukusu

750g / 1lb 10oz piletine, mljevene

metoda

- Pomiješajte sve sastojke osim piletine. Ostavite piletinu da se marinira u ovoj smjesi 3 sata.
- Kuhajte smjesu u loncu ili tavi na laganoj vatri 40 minuta. Po potrebi dodati vode. Poslužuje se vruće.

rajske kokoši

4 porcije

Sastojci

4 žlice rafiniranog biljnog ulja

1 kg / 2¼ lb piletine, izrezane na 8 komada

Posolite po ukusu

1 žličica papra

1 žličica šafrana

6 vlasca, sitno nasjeckanog

250 ml / 8 fl oz vode

Za mješavinu začina:

1½ žličice paste od đumbira

1½ žličice paste od češnjaka

3 zelene paprike, očišćene od sjemenki i narezane na ploške

2 zelene paprike

½ svježeg kokosa, naribanog

2 nasjeckane rajčice

metoda

- Miješajte sastojke mješavine začina dok ne nastane glatka pasta.
- Zagrijte ulje u tavi. Dodajte pastu i pržite na laganoj vatri 7 minuta. Dodajte preostale sastojke osim vode. Pržiti 5 minuta. Dodajte vodu. Dobro promiješajte i kuhajte 40 minuta. Poslužuje se vruće.

Pileća rizala

4 porcije

Sastojci

6 žlica rafiniranog biljnog ulja

2 velike glavice luka, prerezane po dužini

1 žličica paste od đumbira

1 žličica paste od češnjaka

2 žlice mljevenog maka

1 žlica mljevenog korijandera

2 velike zelene paprike, julienne izrezane

360 ml / 12 fl oz vode

1 kg / 2¼ lb piletine, izrezane na 8 komada

6 kapsula zelenog kardamoma

5 karanfila

200 g / 7 oz jogurta

1 žličica garam masale

sok od 1 limuna

Posolite po ukusu

metoda

- Zagrijte ulje u tavi. Dodajte luk, pastu od đumbira, pastu od češnjaka, mak i mljeveni korijander. Pržite na laganoj vatri 2 minute.
- Dodajte sve preostale sastojke i dobro promiješajte. Pokrijte poklopcem i kuhajte 40 minuta uz povremeno miješanje. Poslužuje se vruće.

Pileće iznenađenje

4 porcije

Sastojci

150 g / 5½ oz listova korijandera, nasjeckanih

10 češnjeva češnjaka

2,5 cm / 1 in. korijen đumbira

1 žličica garam masale

1 žlica paste od tamarinda

2 žličice sjemenki kumina

1 žličica šafrana

4 žlice vode

Posolite po ukusu

1 kg / 2¼ lb piletine, izrezane na 8 komada

Rafinirano biljno ulje za prženje

2 razmućena jaja

metoda

- Sve sastojke osim piletine, ulja i jaja sameljite u glatku pastu. Ostavite piletinu da se marinira u ovoj pasti 2 sata.
- Zagrijte ulje u tavi. Svaki komad piletine umočite u jaja i pržite na srednjoj vatri dok ne porumeni. Poslužuje se vruće.

piletina sa sirom

4 porcije

Sastojci

12 pilećih bataka

4 žlice maslaca

1 žličica paste od đumbira

1 žličica paste od češnjaka

2 velike glavice luka sitno nasjeckane

1 žličica garam masale

Posolite po ukusu

200 g / 7 oz jogurta

Za marinadu:

1 žličica paste od đumbira

1 žličica paste od češnjaka

1 žlica soka od limuna

¼ žličice garam masale

4 žlice običnog vrhnja

4 žlice naribanog cheddar sira

Posolite po ukusu

metoda

- Štapiće izbockati vilicom. Pomiješajte sve sastojke za marinadu. Štapiće ostavite da se mariniraju u ovoj smjesi 8 do 10 sati.
- Zagrijte maslac u tavi. Dodajte pastu od đumbira i pastu od češnjaka. Pržite na srednjoj vatri 1-2 minute. Dodajte sve preostale sastojke osim jogurta. Pržiti 5 minuta.
- Dodajte štapiće i jogurt. Kuhajte 40 minuta. Poslužuje se vruće.

Goveđa korma

(Meso kuhano u pikantnom umaku)

4 porcije

Sastojci

4 žlice rafiniranog biljnog ulja

2 velike glavice luka sitno nasjeckane

675 g / 1½ lb govedine, izrezane na komade od 2,5 cm / 1.

360 ml / 12 fl oz vode

½ žličice mljevenog cimeta

120 ml / 4 fl oz pojedinačne kreme

125 g / 4½ oz jogurta

1 žličica garam masale

Posolite po ukusu

10 g / ¼ oz lišća korijandera, sitno nasjeckanog

Za mješavinu začina:

1½ žlice sjemenki korijandera

¾ žličice sjemenki kumina

3 kapsule zelenog kardamoma

4 zrna crnog papra

6 karanfila

2,5 cm / 1 in. korijen đumbira

10 češnjeva češnjaka

15 badema

metoda

- Pomiješajte sve sastojke mješavine začina i izgnječite s dovoljno vode da dobijete glatku pastu. Odložio ga je na stranu.
- Zagrijte ulje u tavi. Dodajte luk i pržite na srednje jakoj vatri dok ne porumeni.
- Dodajte mješavinu začina i meso. Pržiti 2-3 minute. Dodajte vodu. Dobro promiješajte i kuhajte 45 minuta.
- Dodajte cimet u prahu, vrhnje, jogurt, garam masalu i sol. Dobro miješajte 3-4 minute.
- Goveđu kormu ukrasite listićima korijandera. Poslužuje se vruće.

Dhal Kheema

(Chuck s lećom)

4 porcije

Sastojci

675 g / 1½ lb janjetine, mljevene

1 žličica paste od đumbira

1 žličica paste od češnjaka

3 velike glavice luka sitno nasjeckane

360 ml / 12 fl oz vode

Posolite po ukusu

600 g / 1 lb 5 oz chana dhal*, natopljen u 250 ml / 8 fl oz vode 30 minuta

½ žličice paste od tamarinda

60 ml / 2 fl oz rafiniranog biljnog ulja

4 karanfila

2,5 cm/1 u cimetu

2 kapsule zelenog kardamoma

4 zrna crnog papra

10 g / ¼ oz lišća korijandera, sitno nasjeckanog

Za mješavinu začina:

2 žličice sjemenki korijandera

3 crvene paprike

½ žličice šafrana

¼ žličice sjemenki kumina

25 g / malo 1 oz svježeg kokosa, naribanog

1 žličica maka

metoda

- Sve sastojke u mješavini začina propržite na suho. Samljeti ovu smjesu s dovoljno vode da se dobije glatka pasta. Odložio ga je na stranu.
- Mljevenu janjetinu pomiješajte s pastom od đumbira, pastom od češnjaka, pola luka, ostatkom vode i soli. Kuhajte u tavi na srednjoj vatri 40 minuta.
- Dodajte chana dhal zajedno s vodom u kojoj je namočen. Dobro promiješati. Kuhajte 10 minuta.
- Dodajte pastu od mješavine začina i pastu od tamarinda. Pokrijte poklopcem i kuhajte 10 minuta uz povremeno miješanje. Odložio ga je na stranu.
- Zagrijte ulje u tavi. Dodajte preostali luk i pržite na srednjoj vatri dok ne porumeni.
- Dodajte klinčiće, cimet, kardamom i papar. Pržite minutu.
- Maknite s vatre i prelijte izravno preko smjese mljevenog mesa. Dobro miješajte jednu minutu.
- Ukrasite dhal kheemu listićima korijandera. Poslužuje se vruće.

svinjski curry

4 porcije

Sastojci

500 g / 1 lb 2 oz svinjetine, izrezane na komade od 2,5 cm / 1 in

1 žlica sladnog octa

6 listova curryja

2,5 cm/1 u cimetu

3 karanfila

500 ml / 16 fl oz vode

Posolite po ukusu

2 veća krumpira, narezana na kockice

3 žlice rafiniranog biljnog ulja

1 žličica garam masale

Za mješavinu začina:

1 žlica sjemenki korijandera

1 žličica sjemenki kumina

6 zrna crnog papra

½ žličice šafrana

4 crvene paprike

2 velike glavice luka sitno nasjeckane

2,5 cm / 1 in. Korijen đumbira, narezan

10 narezanih režnjeva češnjaka

½ žličice paste od tamarinda

metoda

- Pomiješajte sve sastojke za mješavinu začina. Samljeti s dovoljno vode da se dobije glatka pasta. Odložio ga je na stranu.
- Svinjetinu pomiješajte s octom, curry listićima, cimetom, klinčićima, vodom i soli. Kuhajte ovu smjesu u tavi na srednjoj vatri 40 minuta.
- Dodajte krumpir. Dobro promiješajte i kuhajte 10 minuta. Odložio ga je na stranu.
- Zagrijte ulje u tavi. Dodajte začinsku pastu i pržite na srednjoj vatri 3-4 minute.
- Dodajte svinjetinu i garam masalu. Dobro promiješati. Pokrijte poklopcem i kuhajte 10 minuta uz povremeno miješanje.
- Poslužuje se vruće.

Shikampoole kebab

(Janjeći ćevap)

4 porcije

Sastojci

3 velike glavice luka

8 češnjeva češnjaka

2,5 cm / 1 in. korijen đumbira

6 suhih crvenih paprika

4 žlice gheeja plus još za prženje

1 žličica šafrana

1 žličica mljevenog korijandera

½ žličice mljevenog kima

10 badema, mljevenih

10 pistacija, mljevenih

1 žličica garam masale

Prstohvat cimeta u prahu

1 žlica mljevenog klinčića

1 žlica mljevenog zelenog kardamoma

2 žlice kokosovog mlijeka

Posolite po ukusu

1 žlica besana*

750g / 1lb 10oz janjetine, mljevene

200 g grčkog jogurta

1 žlica nasjeckanih listova metvice

metoda

- Umiješajte luk, češnjak, đumbir i papar.
- Samljeti ovu smjesu s dovoljno vode da se dobije glatka pasta.
- Zagrijte ghee u tavi. Dodajte ovu pastu i pržite na srednjoj vatri 1-2 minute.
- Dodajte kurkumu, korijander i kumin u prahu. Pržite minutu.
- Dodajte mljevene bademe, mljevene pistacije, garam masalu, mljeveni cimet, mljevene klinčiće i kardamom. Nastavite pržiti 2-3 minute.
- Dodajte kokosovo mlijeko i sol. Dobro promiješati. Miksati 5 minuta.
- Dodati besan i mljeveno meso. Dobro promiješati. Kuhajte 30 minuta uz povremeno miješanje. Maknite s vatre i ostavite da se ohladi 10 minuta.
- Kad se smjesa ohladi, podijelite je na 8 loptica i svaku rasporedite na pljeskavicu. Odložio ga je na stranu.

- Jogurt dobro umutite s listićima mente. U sredinu svakog spljoštenog kotleta stavite veliku žlicu ove smjese. Zatvorite kao vrećicu, urolajte u kuglu i opet spljoštite.
- Zagrijte ghee u tavi. Dodajte kotlete i pržite na srednjoj vatri dok ne porumene. Poslužuje se vruće.

poseban ovan

4 porcije

Sastojci

5 žlica gheeja

4 velika luka, narezana na ploške

2 rajčice, narezane na ploške

675 g / 1½ lb janjetine, nasjeckane na komade od 3,5 cm / 1½ inča

1 litra vode

Posolite po ukusu

Za mješavinu začina:

10 češnjeva češnjaka

3 zelene paprike

3,5 cm / 1½ in. korijen đumbira

4 karanfila

2,5 cm/1 u cimetu

1 žlica maka

1 čajna žličica sjemenki crnog kima

1 žličica sjemenki kumina

2 kapsule zelenog kardamoma

2 žlice sjemenki korijandera

7 zrna papra

5 suhih crvenih paprika

1 žličica šafrana

1 žlica chana dhal*

25 g / oskudno 1 oz listova mente

25 g / malo 1 unca lišća korijandera

100 g / 3½ oz svježeg kokosa, naribanog

metoda

- Pomiješajte sve sastojke mješavine začina i izgnječite s dovoljno vode da dobijete glatku pastu. Odložio ga je na stranu.
- Zagrijte ghee u tavi. Dodajte luk i pržite na srednje jakoj vatri dok ne porumeni.
- Dodajte smjesu začina. Pržite 3-4 minute uz povremeno miješanje.
- Dodajte rajčice i janjetinu. Pecite 8 do 10 minuta. Dodajte vodu i sol. Dobro promiješajte, poklopite poklopcem i kuhajte 45 minuta uz povremeno miješanje. Poslužuje se vruće.

Zeleni masala kotlet

4 porcije

Sastojci

750 g / 1 lb 10 oz janjećih kotleta

Posolite po ukusu

360 ml / 12 fl oz rafiniranog biljnog ulja

3 velika krumpira, narezana na ploške

5 cm / 2 in cimeta

2 kapsule zelenog kardamoma

4 karanfila

3 rajčice, sitno nasjeckane

¼ žličice kurkume

120 ml octa

250 ml / 8 fl oz vode

Za mješavinu začina:

3 velike glavice luka

2,5 cm / 1 in. korijen đumbira

10-12 češnjeva češnjaka

¼ žličice sjemenki kumina

6 zelenih paprika, prerezanih po dužini

1 žličica sjemenki korijandera

1 žličica sjemenki kumina

50g / 1¾oz lišća korijandera, sitno nasjeckanog

metoda

- Neka se janjetina marinira u soli sat vremena.
- Pomiješajte sve sastojke mješavine začina. Samljeti s dovoljno vode da se dobije glatka pasta. Odložio ga je na stranu.
- Zagrijte pola ulja u tavi. Dodajte krumpir i pržite na srednje jakoj vatri dok ne porumeni. Ocijediti i rezervisati.
- Zagrijte preostalo ulje u tavi. Dodajte cimet, kardamom i klinčiće. Ostavite ih da mjehuri 20 sekundi.
- Dodajte smjesu začina. Pržite na srednjoj vatri 3-4 minute.
- Dodajte rajčicu i kurkumu. Nastavite pržiti 1-2 minute.
- Dodajte ocat i mariniranu janjetinu. Pržiti 6-7 minuta.
- Dodajte vodu i dobro promiješajte. Pokrijte poklopcem i kuhajte 45 minuta uz povremeno miješanje.
- Dodajte prženi krumpir. Kuhajte 5 minuta uz stalno miješanje. Poslužuje se vruće.

Kebab u slojevima

4 porcije

Sastojci

120 ml / 4 fl oz rafiniranog biljnog ulja

100 g / 3½ oz krušnih mrvica

Za bijeli sloj:

450 g / lb kozjeg sira, ocijeđenog

1 veliki krumpir, kuhan

½ žličice soli

½ žličice mljevenog crnog papra

½ žličice čilija u prahu

sok od pola limuna

50 g / 1¾oz lišća korijandera, nasjeckanog

Za zeleni sloj:

200 g / 7 oz špinata

2 žlice mung dhala*

1 velika glavica luka sitno nasjeckana

2,5 cm / 1 in. korijen đumbira

4 karanfila

¼ žličice kurkume

1 žličica garam masale

Posolite po ukusu

250 ml / 8 fl oz vode

2 žlice besana*

Za narančasti sloj:

1 razmućeno jaje

1 velika glavica luka sitno nasjeckana

1 žlica soka od limuna

¼ žličice narančaste prehrambene boje

Za mesni sloj:

500 g / 1 lb 2 oz mljevene govedine

150 g / 5½ oz Mung Dhal*, natopljen 1 sat

5 cm / 2 in. od korijena đumbira

6 češnjeva češnjaka

6 karanfila

1 žlica mljevenog kima

1 žlica čilija u prahu

10 zrna crnog papra

600 ml / 1 litra vode

metoda

- Sastojke bijelog sloja pomiješajte i malo posolite. Odložio ga je na stranu.

- Pomiješajte sve sastojke za zeleni sloj, osim besana. Kuhajte u tavi na laganoj vatri 45 minuta. Zamijesiti sa besanom i ostaviti sa strane.
- Sve sastojke za narančasti sloj pomiješajte s malo soli. Odložio ga je na stranu.
- Za mesni sloj sve sastojke pomiješajte s malo soli i kuhajte u tavi na srednjoj vatri 40 minuta. Ohladiti i ispasirati.
- Svaki sloj smjese podijelite na 8 dijelova. Razvaljajte u kuglice i lagano istucite u pljeskavice. Stavite 1 pljeskavicu od svakog sloja na vrh drugog tako da imate osam hamburgera od 4 sloja. Lagano utisnite u duguljaste ražnjiće.
- Zagrijte ulje u tavi. Ćevape premazati prezlama i pržiti na srednjoj vatri dok ne porumene. Poslužuje se vruće.

Barrah Champ

(pečeni janjeći kotleti)

4 porcije

Sastojci

1 žličica paste od đumbira

1 žličica paste od češnjaka

3 žlice sladnog octa

675 g / 1½ lb janjećih kotleta

400 g / 14 oz grčkog jogurta

1 žličica šafrana

4 zelene paprike, sitno nasjeckane

½ žličice čilija u prahu

1 žličica mljevenog korijandera

1 žličica mljevenog kima

1 žličica cimeta u prahu

¾ žličice mljevenog klinčića

Posolite po ukusu

1 žlica chaat masale*

metoda

- Pomiješajte pastu od đumbira i češnjaka s octom. Ostavite janjetinu da se marinira u ovoj smjesi 2 sata.
- Pomiješajte sve preostale sastojke osim chaat masale. U ovoj smjesi marinirajte janjeće kotlete 4 sata.
- Nabodite kotlete i pecite u pećnici na 200°C (400°F, plinska oznaka 6) 40 minuta.
- Ukrasite chaat masalom i poslužite vruće.

ukiseljena janjetina

4 porcije

Sastojci

10 suhih crvenih paprika

10 češnjeva češnjaka

3,5 cm / 1½ in. korijen đumbira

Posolite po ukusu

750 ml / 1¼ litre vode

2 žlice jogurta

675 g / 1½ lb janjetine, nasjeckane na komade od 2,5 cm / 1 inča

250 ml / 8 fl oz rafiniranog biljnog ulja

1½ žličice kurkume

1 žlica sjemenki korijandera

10 zrna crnog papra

3 kapsule crnog kardamoma

4 karanfila

3 lista lovora

1 žličica naribane jabuke

¼ žličice naribanog muškatnog oraščića

1 žličica sjemenki kumina

½ žličice sjemena gorušice

100 g / 3½ oz sušenog kokosa

½ žličice asafetide

sok od 1 limuna

metoda

- Pomiješajte crvenu papriku, češnjak, đumbir i sol. Samljeti s dovoljno vode da se dobije glatka pasta.
- Pomiješajte ovu pastu s jogurtom. Ostavite meso da se marinira u ovoj smjesi 1 sat.
- Zagrijte pola ulja u tavi. Dodajte kurkumu, sjemenke korijandera, papar, kardamom, klinčiće, lovor, muškatni oraščić, sjemenke kumina, sjemenke gorušice i kokos. Pržite na srednjoj vatri 2-3 minute.
- Samljeti smjesu s dovoljno vode da se dobije gusta pasta.
- Dodajte preostalo ulje u tavu. Dodajte asafetidu. Ostavite da se ljulja 10 sekundi.
- Dodajte mljevenu pastu od sjemenki kurkume i korijandera. Pržite na srednjoj vatri 3-4 minute.
- Dodajte mariniranu janjetinu i ostatak vode. Dobro promiješati. Pokrijte poklopcem i kuhajte 45 minuta. Neka se ohladi.
- Dodajte limunov sok i dobro promiješajte. Janjeće kisele krastavce čuvajte u hermetički zatvorenoj posudi.

Goanski janjeći curry

4 porcije

Sastojci

240 ml / 6 fl oz rafiniranog biljnog ulja

4 velike glavice luka sitno nasjeckane

1 žličica šafrana

4 rajčice, pasirati

675 g / 1½ lb janjetine, nasjeckane na komade od 2,5 cm / 1 inča

4 velika krumpira, narezana na kockice

600 ml / 1 litra kokosovog mlijeka

120 ml / 4 fl oz vode

Posolite po ukusu

Za mješavinu začina:

4 kapsule zelenog kardamoma

5 cm / 2 in cimeta

6 zrna crnog papra

1 žličica sjemenki kumina

2 karanfila

6 crvenih paprika

1 zvjezdasti anis

50g / 1¾oz lišća korijandera, sitno nasjeckanog

3 zelene paprike

1 žličica paste od đumbira

1 žličica paste od češnjaka

metoda

- Za pripremu mješavine začina pržite kardamom, cimet, papar, sjemenke kumina, klinčiće, crvenu papriku i zvjezdasti anis 3-4 minute.
- Samljeti ovu smjesu s preostalim sastojcima iz mješavine začina i dovoljno vode da se dobije glatka pasta. Odložio ga je na stranu.
- Zagrijte ulje u tavi. Dodajte luk i pržite na srednjoj vatri dok ne postane proziran.
- Dodajte šafran i pire od rajčice. Pržiti 2 minute.
- Dodajte smjesu začina. Nastavite pržiti 4-5 minuta.
- Dodajte janjetinu i krumpir. Pržiti 5-6 minuta.
- Dodajte kokosovo mlijeko, vodu i sol. Dobro promiješati. Pokrijte poklopcem i kuhajte smjesu na laganoj vatri 45 minuta uz povremeno miješanje. Poslužuje se vruće.

Bagara meso

(Govedina kuhana u bogatom indijskom umaku)

4 porcije

Sastojci

120 ml / 4 fl oz rafiniranog biljnog ulja

3 crvene paprike

1 žličica sjemenki kumina

10 listova curryja

2 velike glavice luka

½ žličice šafrana

1 žličica čilija u prahu

1 žličica mljevenog korijandera

1 žličica paste od tamarinda

1 žličica garam masale

500g / 1lb 2oz janjetine, mljevene

Posolite po ukusu

500 ml / 16 fl oz vode

Za mješavinu začina:

2 žlice sjemenki sezama

2 žlice svježeg kokosa, naribanog

2 žlice kikirikija

2,5 cm / 1 in. korijen đumbira

8 češnjeva češnjaka

metoda

- Pomiješajte sastojke za mješavinu začina. Samljeti ovu smjesu s dovoljno vode da se dobije glatka pasta. Odložio ga je na stranu.
- Zagrijte ulje u tavi. Dodajte crveni čili, sjemenke kumina i listiće curryja. Pustite ih da mjehuri 15 sekundi.
- Dodajte luk i začinsko tijesto. Pržite na srednjoj vatri 4-5 minuta.
- Dodajte preostale sastojke osim vode. Pržiti 5-6 minuta.
- Dodajte vodu. Dobro promiješati. Pokrijte poklopcem i kuhajte 45 minuta. Poslužuje se vruće.

Jetrica u kokosovom mlijeku

4 porcije

Sastojci

750 g / 1 lb 10 oz jetrica, nasjeckanih na komade od 2,5 cm / 1 inča

½ žličice šafrana

Posolite po ukusu

500 ml / 16 fl oz vode

5 žlica rafiniranog biljnog ulja

3 velike glavice luka sitno nasjeckane

1 žlica nasjeckanog đumbira

1 žlica mljevenog češnjaka

6 zelenih paprika, prerezanih po dužini

3 velika krumpira, izrezana na 2,5 cm / 1 in.

1 žlica sladnog octa

500 ml / 16 fl oz kokosovog mlijeka

Za mješavinu začina:

3 suhe crvene paprike

2,5 cm/1 u cimetu

4 kapsule zelenog kardamoma

1 žličica sjemenki kumina

8 zrna crnog papra

metoda

- Pomiješajte jetru s kurkumom, soli i vodom. Kuhajte u tavi na srednjoj vatri 40 minuta. Odložio ga je na stranu.
- Pomiješajte sve sastojke mješavine začina i izgnječite s dovoljno vode da dobijete glatku pastu. Odložio ga je na stranu.
- Zagrijte ulje u tavi. Dodajte luk i pržite na srednjoj vatri dok ne postane proziran.
- Dodajte đumbir, češnjak i zelenu papriku. Pržiti 2 minute.
- Dodajte smjesu začina. Nastavite pržiti 1-2 minute.
- Dodajte smjesu jetrica, krumpir, ocat i kokosovo mlijeko. Dobro miješajte 2 minute. Pokrijte poklopcem i kuhajte 15 minuta uz povremeno miješanje. Poslužuje se vruće.

Janjeća masala s jogurtom

4 porcije

Sastojci

200 g / 7 oz jogurta

Posolite po ukusu

675 g / 1½ lb janjetine, nasjeckane na komade od 2,5 cm / 1 inča

4 žlice rafiniranog biljnog ulja

3 velike glavice luka sitno nasjeckane

3 mrkve, narezane na kockice

3 rajčice, sitno nasjeckane

120 ml / 4 fl oz vode

Za mješavinu začina:

25 g / malo 1 unca lišća korijandera, sitno nasjeckanog

¼ žličice kurkume

2,5 cm / 1 in. korijen đumbira

2 zelene paprike

8 češnjeva češnjaka

4 kapsule kardamoma

4 karanfila

5 cm / 2 in cimeta

3 lista curryja

¾ žličice kurkume

2 žličice mljevenog korijandera

1 žličica čilija u prahu

½ žličice paste od tamarinda

metoda

- Pomiješajte sve sastojke mješavine začina. Samljeti s dovoljno vode da se dobije glatka pasta.
- Dobro izmiješajte tjesteninu s jogurtom i solju. Ostavite janjetinu da se marinira u ovoj smjesi 1 sat.
- Zagrijte ulje u tavi. Dodajte luk i pržite na srednjoj vatri dok ne postane proziran.
- Dodajte mrkvu i rajčicu i pržite 3-4 minute.
- Dodajte mariniranu janjetinu i vodu. Dobro promiješati. Pokrijte poklopcem i kuhajte 45 minuta uz povremeno miješanje. Poslužuje se vruće.

Korma u Khada Masali

(Ljuta janjetina u gustom sosu)

4 porcije

Sastojci

75 g / 2½ oz gheeja

3 kapsule crnog kardamoma

6 karanfila

2 lista lovora

½ žličice sjemenki kumina

2 velika luka, narezana na ploške

3 suhe crvene paprike

2,5 cm / 1 in. Korijen đumbira, sitno nasjeckan

20 češnjeva češnjaka

5 zelenih paprika, prerezanih po dužini

675 g / 1½ lb janjetine, mljevene

½ žličice čilija u prahu

2 žličice mljevenog korijandera

6-8 ljutika, oguljenih

Konzervirani grašak 200g / 7oz

750 ml / 1¼ fl oz vode

Prstohvat kurkume otopljen u 2 žlice vruće vode

Posolite po ukusu

1 žličica soka od limuna

200 g / 7 oz jogurta

1 žlica lišća korijandera, sitno nasjeckanog

4 tvrdo kuhana jaja, prerezana na pola

metoda

- Zagrijte ghee u tavi. Dodajte kardamom, klinčiće, lovor i sjemenke kumina. Pustite ih da mjehuriće 30 sekundi.
- Dodajte luk i pržite na srednje jakoj vatri dok ne porumeni.
- Dodajte suhu crvenu papriku, đumbir, češnjak i zelenu papriku. Pržite minutu.
- Dodajte ovčetinu. Pržiti 5-6 minuta.
- Dodajte čili u prahu, mljeveni korijander, luk i grašak. Nastavite pržiti 3-4 minute.
- Dodajte vodu, mješavinu kurkume, sol i limunov sok. Dobro miješajte 2-3 minute. Pokrijte poklopcem i kuhajte 20 minuta.
- Otklopite posudu i dodajte jogurt. Dobro promiješati. Ponovno poklopite i nastavite kuhati 20-25 minuta uz povremeno miješanje.
- Ukrasite listićima korijandera i jajima. Poslužuje se vruće.

Curry od janjetine i bubrega

4 porcije

Sastojci

5 žlica rafiniranog biljnog ulja plus dodatno za prženje

4 velika krumpira, izrezana na dugačke trakice

3 velike glavice luka sitno nasjeckane

3 velike rajčice, sitno nasjeckane

¼ žličice kurkume

1 žličica čilija u prahu

2 žličice mljevenog korijandera

1 žličica mljevenog kima

25 indijskih oraščića, grubo mljevenih

4 bubrega, nasjeckana

500 g / 1 lb 2 oz janjetine, nasjeckane na komade od 5 cm / 2 inča

sok od 1 limuna

1 žličica mljevenog crnog papra

Posolite po ukusu

500 ml / 16 fl oz vode

4 tvrdo kuhana jaja, podijeljena na četiri dijela

10 g / ¼ oz lišća korijandera, sitno nasjeckanog

Za mješavinu začina:

1½ žličice paste od đumbira

1½ žličice paste od češnjaka

4-5 zelenih paprika

4 kapsule kardamoma

6 karanfila

1 žličica crnog kima

1½ žlice sladnog octa

metoda

- Pomiješajte sve sastojke za mješavinu začina i izgnječite s dovoljno vode da dobijete glatku pastu. Odložio ga je na stranu.
- U tavi zagrijte ulje za prženje. Dodajte krumpir i pržite na srednje jakoj vatri 3-4 minute. Ocijediti i rezervisati.
- U tavi zagrijte 5 žlica ulja. Dodajte luk i pržite na srednjoj vatri dok ne postane proziran.
- Dodajte smjesu začina. Pržite 2-3 minute uz stalno miješanje.
- Dodajte rajčicu, kurkumu, čili u prahu, korijander i kumin u prahu. Nastavite pržiti 2-3 minute.
- Dodajte indijske oraščiće, bubreg i janjetinu. Pržiti 6-7 minuta.

- Dodajte limunov sok, papar, sol i vodu. Dobro promiješati. Pokrijte poklopcem i kuhajte 45 minuta uz povremeno miješanje.
- Ukrasite jajima i listićima korijandera. Poslužuje se vruće.

Gosht Gulfam

(ovčetina sa kozjim sirom)

4 porcije

Sastojci

675 g / 1½ lb janjetine bez kostiju

300g / 10oz kozjeg sira, ocijeđenog

200 g / 7 oz khoya*

150 g / 5½ oz miješanog suhog voća, sitno nasjeckanog

6 zelenih paprika, sitno nasjeckanih

25 g sitno nasjeckanog lišća korijandera

2 kuhana jaja

Za umak:

¾ žlice rafiniranog biljnog ulja

3 velike glavice luka sitno nasjeckane

5 cm / 2 in. Korijen đumbira, sitno nasjeckan

10 češnjeva mljevenog češnjaka

3 rajčice, sitno nasjeckane

1 žličica čilija u prahu

120 ml ovčjeg temeljca

Posolite po ukusu

metoda

- Istucite janjetinu dok ne nalikuje odresku.
- Pomiješajte kozji sir, khoyu, orahe, zeleni papar i listiće korijandera. Ovu smjesu mijesite dok ne dobijete mekano tijesto.
- Tijesto rasporedite preko spljoštene janjetine i u sredinu stavite jaja.
- Janjetinu dobro otvoriti da tijesto i jaja budu unutra. Zamotajte u foliju i pecite na 180°C (350°F, plinska oznaka 4) 1 sat. Odložio ga je na stranu.
- Za pripremu umaka zagrijte ulje u tavi. Dodajte luk i pržite na srednjoj vatri dok ne postane proziran.
- Dodajte đumbir i češnjak. Pržite minutu.
- Dodajte rajčicu i čili u prahu. Nastavite pržiti 2 minute uz stalno miješanje.
- Dodajte juhu i sol. Dobro promiješati. Kuhajte 10 minuta uz povremeno miješanje. Odložio ga je na stranu.
- Rostbif izrežite i složite na pladanj. Prelijte umakom i poslužite vruće.

Janjetina Do Pyaaza

(Janjetina s lukom)

4 porcije

Sastojci

120 ml / 4 fl oz rafiniranog biljnog ulja

1 žličica šafrana

3 lista lovora

4 karanfila

5 cm / 2 in cimeta

6 suhih crvenih paprika

4 kapsule zelenog kardamoma

6 većih glavica luka, 2 nasjeckana, 4 narezana

3 žlice paste od đumbira

3 žlice paste od češnjaka

2 nasjeckane rajčice

8 ljutika, prerezanih na pola

2 žličice garam masale

2 žličice mljevenog korijandera

4 žličice mljevenog kima

1½ žličice naribane jabuke

½ ribanog muškatnog oraščića

2 žličice mljevenog crnog papra

Posolite po ukusu

675 g / 1½ lb janjetine, mljevene

250 ml / 8 fl oz vode

10 g / ¼ oz lišća korijandera, sitno nasjeckanog

2,5 cm / 1 in. Korijen đumbira, Juliana

metoda

- Zagrijte ulje u tavi. Dodajte šafran, lovorov list, klinčiće, cimet, crvenu papriku i kardamom. Pustite ih da mjehuriće 30 sekundi.
- Dodati nasjeckani luk. Pržite ih na srednjoj vatri dok ne postanu prozirni.
- Dodajte pastu od đumbira i pastu od češnjaka. Pržite minutu.
- Dodajte rajčice, ljutiku, garam masalu, mljeveni korijander, mljeveni kumin, muškatni oraščić, papar i sol. Nastavite pržiti 2-3 minute.
- Dodajte janjetinu i narezani luk. Dobro izmiješajte i pržite 6-7 minuta.
- Dodajte vodu i miješajte jednu minutu. Pokrijte poklopcem i kuhajte 30 minuta uz povremeno miješanje.
- Ukrasite listićima korijandera i đumbirom. Poslužuje se vruće.

Tijesto za pečenu ribu

4 porcije

Sastojci

1 kg / 2¼ lb ribe, očišćene i filetirane

½ žličice šafrana

Posolite po ukusu

125 g / 4½ oz bezana*

3 žlice krušnih mrvica

½ žličice čilija u prahu

½ žličice mljevenog crnog papra

1 nasjeckana zelena paprika

1 žličica sjemenki ajowana

3 žlice nasjeckanog lišća korijandera

500 ml / 16 fl oz vode

Rafinirano biljno ulje za prženje

metoda

- Ostavite ribu da se marinira s kurkumom i soli 30 minuta.

- Preostale sastojke, osim ulja, pomiješajte u tijesto.

- Zagrijte ulje u tavi. Mariniranu ribu umočite u tijesto i pržite na srednjoj vatri dok ne porumeni.

- Ocijedite na upijajućem papiru i poslužite vruće.

fiš paprikaš

(riba u Goa stilu)

4 porcije

Sastojci

 3 žlice rafiniranog biljnog ulja

 3 velike glavice luka sitno nasjeckane

 6 zelenih paprika, prerezanih po dužini

 750g / 1lb 10oz fileta brancina, mljevenog

 1 žličica mljevenog kima

 1 žličica šafrana

 1 žličica paste od đumbira

 1 žličica paste od češnjaka

 360 ml / 12 fl oz kokosovog mlijeka

 2 žličice paste od tamarinda

 Posolite po ukusu

metoda

- Zagrijte ulje u tavi. Dodajte luk i pržite na laganoj vatri dok ne porumeni.

- Dodajte zelenu papriku, ribu, kumin u prahu, kurkumu, pastu od đumbira, pastu od češnjaka i kokosovo mlijeko. Dobro promiješajte i kuhajte 10 minuta.

- Dodajte pastu od tamarinda i sol. Dobro promiješajte i kuhajte 15 minuta. Poslužuje se vruće.

Kari od kozica i jaja

4 porcije

Sastojci

3 žlice rafiniranog biljnog ulja

2 karanfila

2,5 cm/1 u cimetu

6 zrna crnog papra

2 lista lovora

1 velika glavica luka sitno nasjeckana

½ žličice šafrana

1 žličica paste od đumbira

1 žličica paste od češnjaka

1 žličica garam masale

12 velikih kozica, oguljenih i očišćenih

Posolite po ukusu

200 g pirea od rajčice

120 ml / 4 fl oz vode

4 tvrdo kuhana jaja prepolovljena po dužini

metoda

- Zagrijte ulje u tavi. Dodajte klinčiće, cimet, papar i lovorov list. Pustite ih da mjehuri 15 sekundi.

- Dodajte ostale sastojke, bez pirea od rajčice, vode i jaja. Kuhajte na srednjoj vatri 6-7 minuta. Dodajte pire od rajčice i vodu. Kuhajte 10-12 minuta.

- Pažljivo dodajte jaja. Kuhajte 4-5 minuta. Poslužuje se vruće.

Riblja krtica

(Riba kuhana u jednostavnom osnovnom curryju)

4 porcije

Sastojci

2 žlice gheeja

1 manja glavica luka nasjeckana

4 češnja češnjaka sitno nasjeckana

2,5 cm / 1 in. Od korijena đumbira, sitno narezanog

6 zelenih paprika, prerezanih po dužini

1 žličica šafrana

Posolite po ukusu

750 ml / 1¼ litre kokosovog mlijeka

1 kg / 2¼ lb brancina, oguljenog i filetiranog

metoda

- Zagrijte ghee u tavi. Dodajte luk, češnjak, đumbir i papar. Pržite na laganoj vatri 2 minute. Dodajte šafran. Kuhajte 3-4 minute.

- Dodajte sol, kokosovo mlijeko i ribu. Dobro promiješajte i kuhajte 15-20 minuta. Poslužuje se vruće.

Škampi Bharta

(škampi kuhani u klasičnom indijskom umaku)

4 porcije

Sastojci

100 ml / 3½ tečne oz ulja gorušice

1 žličica sjemenki kumina

1 velika glavica luka, naribana

1 žličica šafrana

1 žličica garam masale

2 žličice paste od đumbira

2 žličice paste od češnjaka

2 nasjeckane rajčice

3 zelene paprike, prerezane po dužini

750g / 1lb 10oz kozica, oguljenih i otkoštenih

250 ml / 8 fl oz vode

Posolite po ukusu

metoda

- Zagrijte ulje u tavi. Dodajte sjemenke kumina. Pustite ih da mjehuri 15 sekundi. Dodajte luk i pržite na srednje jakoj vatri dok ne porumeni.

- Dodajte sve preostale sastojke. Kuhajte 15 minuta i poslužite vruće.

Začinjena riba i povrće

4 porcije

Sastojci

2 žlice ulja gorušice

500 g / 1 lb 2 oz korice limuna, oguljene i narezane na ploške

¼ žličice sjemena gorušice

¼ žličice sjemena komorača

¼ žličice sjemenki piskavice

¼ žličice sjemenki kumina

2 lista lovora

½ žličice šafrana

2 suhe crvene paprike, prerezane na pola

1 veliki luk, narezan na tanke ploške

200g / 7oz smrznutog povrća

360 ml / 12 fl oz vode

Posolite po ukusu

metoda

- Zagrijte ulje u tavi. Dodajte ribu i pržite na srednjoj vatri dok ne porumeni. Okrenite i ponovite. Ocijediti i rezervisati.

- U isto ulje dodajte sjemenke gorušice, komorača, piskavice i kumina, lovor, kurkumu i crvenu papriku. Pržite 30 sekundi.

- Dodajte luk. Pržite na srednje jakoj vatri 1 minutu. Dodajte preostale sastojke i prženu ribu. Kuhajte 30 minuta i poslužite vruće.

Kotlet od skuše

4 porcije

Sastojci

4 velike skuše, očišćene

Posolite po ukusu

½ žličice šafrana

2 žličice sladnog octa

250 ml / 8 fl oz vode

1 žlica rafiniranog biljnog ulja plus dodatno za plitko prženje

2 velike glavice luka sitno nasjeckane

1 žličica paste od đumbira

1 žličica paste od češnjaka

1 rajčica, nasjeckana

1 žličica mljevenog crnog papra

1 razmućeno jaje

10 g / ¼ oz lišća korijandera, nasjeckanog

3 šnite kruha, namočene i iscijeđene

60 g / 2 oz rižinog brašna

metoda

- Kuhajte skuše u tavi sa soli, kurkumom, octom i vodom na srednjoj vatri 15 minuta. Kost i pire. Odložio ga je na stranu.

- U tavi zagrijte 1 žlicu ulja. Pržite luk na laganoj vatri dok ne porumeni.

- Dodajte pastu od đumbira, pastu od češnjaka i rajčice. Prokuhajte 4-5 minuta.

- Popaprite i posolite te maknite s vatre. Pomiješajte s ribljim pireom, jajetom, listićima korijandera i kruhom. Zamijesite i oblikujte 8 pljeskavica.

- Zagrijte ulje u tavi. Kotlete umočite u rižino brašno i pržite na srednjoj vatri 4-5 minuta. Okrenite i ponovite. Poslužuje se vruće.

tandoori rak

4 porcije

Sastojci

2 žličice paste od đumbira

2 žličice paste od češnjaka

2 žličice garam masale

1 žlica soka od limuna

125 g / 4½ oz grčkog jogurta

Posolite po ukusu

4 čista raka

1 žlica rafiniranog biljnog ulja

metoda

- Pomiješajte sve sastojke osim rakova i ulja. Ostavite rakove da se mariniraju u ovoj smjesi 3-4 sata.
- Premažite mariniranog raka uljem. Pecite na roštilju 10-15 minuta. Poslužuje se vruće.

Punjena riba

4 porcije

Sastojci

2 žlice rafiniranog biljnog ulja plus dodatno za plitko prženje

1 velika glavica luka sitno nasjeckana

1 velika rajčica, nasjeckana

1 žličica paste od đumbira

1 žličica paste od češnjaka

1 žličica mljevenog korijandera

1 žličica mljevenog kima

Posolite po ukusu

1 žličica šafrana

2 žlice sladnog octa

1 kg / 2¼ lb lososa, izrezanog na trbuhe

25 g/1 oz krušnih mrvica

metoda

- U tavi zagrijte 2 žlice ulja. Dodajte luk i pržite na laganoj vatri dok ne porumeni. Dodajte preostale sastojke osim octa, ribu i krušne mrvice. Prokuhajte 5 minuta.
- Dodajte ocat. Kuhajte 5 minuta. Smjesom napunite ribu.
- Zagrijte preostalo ulje u tavi. Stavite ribu u krušne mrvice i pržite na srednjoj vatri dok ne porumeni. Okrenite i ponovite. Poslužuje se vruće.

Kari od škampa i cvjetače

4 porcije

Sastojci

10 žlica rafiniranog biljnog ulja

1 velika glavica luka sitno nasjeckana

¾ žličice kurkume

250 g škampi, oguljenih i očišćenih

Cvjetovi cvjetače 200g / 7oz

Posolite po ukusu

Za mješavinu začina:

1 žlica sjemenki korijandera

1 žlica garam masale

5 crvenih paprika

2,5 cm / 1 in. korijen đumbira

8 češnjeva češnjaka

60g/2oz svježeg kokosa

metoda

- Zagrijte pola ulja u tavi. Dodajte sastojke mješavine začina i pržite na srednjoj vatri 5 minuta. Samljeti dok ne nastane gusta pasta. Odložio ga je na stranu.
- Zagrijte preostalo ulje u tavi. Pržite luk na srednjoj vatri dok ne postane proziran. Dodajte sve preostale sastojke i začinsko tijesto.
- Kuhajte 15-20 minuta uz povremeno miješanje. Poslužuje se vruće.

Pržene školjke

4 porcije

Sastojci

500 g / 1 lb 2 oz jakobovih kapica, očišćenih

6 žlica rafiniranog biljnog ulja

2 velike glavice luka sitno nasjeckane

1 žličica šafrana

1 žličica garam masale

2 žličice paste od đumbira

2 žličice paste od češnjaka

10 g / ¼ oz lišća korijandera, nasjeckanog

6 kokum*

Posolite po ukusu

250 ml / 8 fl oz vode

metoda

- Kuhajte školjke 25 minuta. Odložio ga je na stranu.
- Zagrijte ulje u tavi. Pržite luk na laganoj vatri dok ne porumeni.
- Dodajte preostale sastojke osim vode. Prokuhajte 5-6 minuta.
- Dodajte školjke kuhane na pari i vodu. Pokrijte poklopcem i kuhajte 10 minuta. Poslužuje se vruće.

Prženi škampi

4 porcije

Sastojci

250g / 9oz kozica, bez ljuske

250g / 9oz bezana*

2 zelene paprike, nasjeckane

1 žličica čilija u prahu

1 žličica šafrana

1 žličica mljevenog korijandera

1 žličica mljevenog kima

½ čajne žličice amchoora*

1 manji naribani luk

¼ žličice natrijevog bikarbonata

Posolite po ukusu

Rafinirano biljno ulje za prženje

metoda

- Sve sastojke osim ulja pomiješajte s toliko vode da dobijete gusto tijesto.
- Zagrijte ulje u tavi. Dodajte nekoliko žlica tijesta i pržite na srednjoj vatri dok ne porumene sa svih strana.
- Ponovite za preostalo tijesto. Poslužuje se vruće.

Skuša u umaku od rajčice

4 porcije

Sastojci

1 žlica rafiniranog biljnog ulja

2 velike glavice luka sitno nasjeckane

2 nasjeckane rajčice

1 žlica paste od đumbira

1 žlica paste od češnjaka

1 žličica čilija u prahu

½ žličice šafrana

8 suhih kokuma*

2 zelene paprike, narezane na ploške

Posolite po ukusu

4 velike skuše, oguljene i filetirane

120 ml / 4 fl oz vode

metoda

- Zagrijte ulje u tavi. Pržite luk na srednje jakoj vatri dok ne porumeni. Dodajte sve preostale sastojke osim ribe i vode. Dobro promiješajte i kuhajte 5-6 minuta.
- Dodajte ribu i vodu. Dobro promiješati. Kuhajte 15 minuta i poslužite vruće.

Konju Ullaruathu

(Škampi u crvenoj masali)

4 porcije

Sastojci

120 ml / 4 fl oz rafiniranog biljnog ulja

1 velika glavica luka sitno nasjeckana

5 cm / 2 in. Od korijena đumbira, sitno narezanog

12 češnja češnjaka, sitno nasjeckanog

2 žlice nasjeckane zelene paprike

8 listova curryja

2 nasjeckane rajčice

1 žličica šafrana

2 žličice mljevenog korijandera

1 žličica mljevenog komorača

600 g / 1 lb 5 oz škampa, očišćenih i očišćenih

3 žličice čilija u prahu

Posolite po ukusu

1 žličica garam masale

metoda

- Zagrijte ulje u tavi. Dodajte luk, đumbir, češnjak, zeleni čili i curry listiće te pržite na srednjoj vatri 1-2 minute.
- Dodajte sve preostale sastojke osim garam masale. Dobro promiješajte i kuhajte na laganoj vatri 15-20 minuta.
- Pospite garam masalom i poslužite vruće.

Chemeen Manga Curry

(Carry od škampa sa zelenim mangom)

4 porcije

Sastojci

200g / 7oz svježeg kokosa, naribanog

1 žlica čilija u prahu

2 velike glavice luka sitno nasjeckane

3 žlice rafiniranog biljnog ulja

2 zelene paprike, nasjeckane

2,5 cm / 1 in. Korijen đumbira, tanko narezan

Posolite po ukusu

1 žličica šafrana

1 mali zeleni mango, narezan na kockice

120 ml / 4 fl oz vode

750 g / 1 lb tigrastih kozica od 10 oz, oguljenih i otkoštenih

1 žličica sjemena gorušice

10 listova curryja

2 cijele crvene paprike

4-5 ljutika narezanih na ploške

metoda

- Sameljite kokos, čili u prahu i pola luka. Odložio ga je na stranu.
- Zagrijte pola ulja u tavi. Pirjajte preostali luk sa zelenom paprikom, đumbirom, soli i kurkumom na laganoj vatri 3-4 minute.
- Dodajte pastu od kokosa, zeleni mango i vodu. Kuhajte 8 minuta.
- Dodajte kozice. Kuhajte 10-12 minuta i ostavite sa strane.
- Zagrijte preostalo ulje. Dodajte sjemenke gorušice, listove curryja, papar i ljutiku. Pržite minutu. Ovu smjesu dodajte u škampe i poslužite vruće.

Jednostavan Machchi Fry

(pečena riba sa začinima)

4 porcije

Sastojci

8 fileta čvrste bijele ribe poput bakalara

¾ žličice kurkume

½ žličice čilija u prahu

1 žličica soka od limuna

250 ml / 8 fl oz rafiniranog biljnog ulja

2 žlice glatkog bijelog brašna

metoda

- Marinirajte ribu s kurkumom, čilijem u prahu i limunovim sokom 1 sat.
- Zagrijte ulje u tavi. Ribu pospite brašnom i pržite na srednjoj vatri 3-4 minute. Okrenite i pržite 2-3 minute. Poslužuje se vruće.

Macher Kalia

(riba u bogatom umaku)

4 porcije

Sastojci

1 žličica sjemenki korijandera

2 žličice sjemenki kumina

1 žličica čilija u prahu

2,5 cm / 1 in. Korijen đumbira, oguljen

250 ml / 8 fl oz vode

120 ml / 4 fl oz rafiniranog biljnog ulja

Fileti pastrve 500g / 1lb 2oz, bez kože

3 lista lovora

1 velika glavica luka sitno nasjeckana

4 češnja mljevenog češnjaka

4 zelene paprike, narezane na ploške

Posolite po ukusu

1 žličica šafrana

2 žlice jogurta

metoda

- Sameljite sjemenke korijandera, sjemenke kumina, čili u prahu i đumbir s dovoljno vode da dobijete gustu pastu. Odložio ga je na stranu.
- Zagrijte ulje u tavi. Dodajte ribu i pržite na srednjoj vatri 3-4 minute. Okrenite i ponovite. Ocijediti i rezervisati.
- U isto ulje dodajte lovorov list, luk, češnjak i zelenu papriku. Pržiti 2 minute. Dodajte preostale sastojke, prženu ribu i tjesteninu. Dobro promiješajte i kuhajte 15 minuta. Poslužuje se vruće.

Pečena riba u jajetu

4 porcije

Sastojci

500g / 1lb 2oz John Dory, bez kože i filetiran

sok od 1 limuna

Posolite po ukusu

2 jaja

1 žlica glatkog bijelog brašna

½ žličice mljevenog crnog papra

1 žličica čilija u prahu

250 ml / 8 fl oz rafiniranog biljnog ulja

100 g / 3½ oz krušnih mrvica

metoda

- Ostavite ribu da se marinira s limunovim sokom i solju 4 sata.
- Umutite jaja s brašnom, paprom i čilijem u prahu.
- Zagrijte ulje u tavi. Mariniranu ribu umočite u smjesu od jaja, uvaljajte u prezle i pržite na laganoj vatri dok ne porumeni. Poslužuje se vruće.

Lau Chingri

(Razica od bundeve)

4 porcije

Sastojci

250g / 9oz kozica, bez ljuske

500 g / 1 lb 2 oz bundeve, narezane na kockice

2 žlice ulja gorušice

¼ žličice sjemenki kumina

1 list lovora

½ žličice šafrana

1 žlica mljevenog korijandera

¼ žličice šećera

1 žlica mlijeka

Posolite po ukusu

metoda

- Kuhajte škampe i tikvice 15-20 minuta. Odložio ga je na stranu.
- Zagrijte ulje u tavi. Dodajte sjemenke kumina i lovorov list. Pržite 15 sekundi. Dodajte šafran i mljeveni korijander. Pržite na srednjoj vatri 2-3 minute. Dodajte šećer, mlijeko, sol, škampe i pirjanu bundevu. Kuhajte 10 minuta. Poslužuje se vruće.

Riba rajčica

4 porcije

Sastojci

2 žlice glatkog bijelog brašna

1 žličica mljevenog crnog papra

500 g / 1 lb 2 oz korice limuna, oguljene i narezane na ploške

3 žlice maslaca

2 lista lovora

1 manji naribani luk

6 češnja mljevenog češnjaka

2 žličice soka od limuna

6 žlica riblje juhe

150 g / 5½ oz pirea od rajčice

Posolite po ukusu

metoda

- Pomiješajte brašno i papar. Ubacite ribu u smjesu.
- Zagrijte maslac u tavi. Pržite ribu na srednjoj vatri dok ne porumeni. Ocijediti i rezervisati.
- Na istom maslacu pirjajte lovorov list, luk i češnjak na srednjoj vatri 2-3 minute. Dodajte prženu ribu i sve preostale sastojke. Dobro promiješajte i kuhajte 20 minuta. Poslužuje se vruće.

Chingri Machher Kalia

(Bogati curry od kozica)

4 porcije

Sastojci

24 velike kozice, oguljene i očišćene

½ žličice šafrana

Posolite po ukusu

250 ml / 8 fl oz vode

3 žlice ulja gorušice

2 velike glavice luka sitno naribane

6 suhih crvenih paprika, mljevenih

2 žlice lišća korijandera, sitno nasjeckanog

metoda

- U tavi na srednjoj vatri pirjajte škampe sa šafranom, soli i vodom 20-25 minuta. Odložio ga je na stranu. Nemojte bacati vodu.
- Zagrijte ulje u tavi. Dodajte luk i čili i pržite na srednjoj vatri 2-3 minute.
- Dodajte kuhane škampe i odvojenu vodu. Dobro promiješajte i kuhajte 20-25 minuta. Ukrasite listićima korijandera. Poslužuje se vruće.

Riblji tikka kebab

4 porcije

Sastojci

1 žlica sladnog octa

1 žlica jogurta

1 žličica paste od đumbira

1 žličica paste od češnjaka

2 zelene paprike, nasjeckane

1 žličica garam masale

1 žličica mljevenog kima

1 žličica čilija u prahu

prskanje narančaste boje

Posolite po ukusu

675 g / 1½ lb ribe, s kožom i filetiranom

metoda

- Pomiješajte sve sastojke osim ribe. Ostavite ribu da se marinira u ovoj smjesi 3 sata.
- Mariniranu ribu rasporedite na ražnjiće i pecite na roštilju 20 minuta. Poslužuje se vruće.

Usitnite Chingri Machher

(kotleti od kozica)

4 porcije

Sastojci

12 kozica, oguljenih i očišćenih

Posolite po ukusu

500 ml / 16 fl oz vode

4 zelene paprike, sitno nasjeckane

2 žlice paste od češnjaka

50 g / 1¾ oz lišća korijandera, nasjeckanog

1 žličica mljevenog kima

šafran u prahu

Rafinirano biljno ulje za prženje

1 razmućeno jaje

4 žlice krušnih mrvica

metoda

- Kuhajte škampe sa soli i vodom u tavi na srednjoj vatri 20 minuta. Ocijedite i zgnječite sa svim preostalim sastojcima osim maslinovog ulja, jaja i krušnih mrvica.
- Smjesu podijelite na 8 dijelova, razvaljajte u kuglice i spljoštite u pljeskavice.
- Zagrijte ulje u tavi. Kotlete umočite u jaje, uvaljajte u prezle i pržite na srednjoj vatri dok ne porumene. Poslužuje se vruće.

Pečena riba

4 porcije

Sastojci

500 g/1 lb 2 oz limuna iverka ili fileta snappera, bez kože

Posolite po ukusu

1 žličica mljevenog crnog papra

¼ žličice sušene crvene paprike, sitno nasjeckane

2 velike zelene paprike, sitno nasjeckane

2 rajčice, narezane na ploške

1 veliki luk, narezan na ploške

sok od 1 limuna

3 zelene paprike, prerezane po dužini

10 češnja češnjaka, sitno nasjeckanog

1 žlica maslinovog ulja

metoda

- Stavite riblje filete u posudu za pečenje i pospite solju, paprom i čilijem.
- Preko ove smjese rasporedite preostale sastojke.
- Pokrijte posudu i pecite na 200°C (400°F, plinska oznaka 6) 15 minuta. Otklopite i pecite u pećnici 10 minuta. Poslužuje se vruće.

Kozice sa zelenim paprom

4 porcije

Sastojci

4 žlice rafiniranog biljnog ulja

2 velike glavice luka sitno nasjeckane

5 cm / 2 in. Od korijena đumbira, sitno narezanog

12 češnja češnjaka, sitno nasjeckanog

4 zelene paprike, prerezane po dužini

½ žličice šafrana

2 nasjeckane rajčice

500g / 1lb 2oz kozica, oguljenih i otkoštenih

3 zelene paprike, očišćene od sjemenki i narezane na ploške

Posolite po ukusu

1 žlica nasjeckanog lišća korijandera

metoda

- Zagrijte ulje u tavi. Dodajte luk, đumbir, češnjak i zelenu papriku. Pržiti na laganoj vatri 1-2 minute. Dodajte ostale sastojke osim listova korijandera. Dobro promiješajte i pirjajte 15 minuta.
- Ukrasite listićima korijandera. Poslužuje se vruće.

Macher Jhole

(riba u umaku)

4 porcije

Sastojci

500 g / 1 lb 2 oz pastrva, bez kože i filetirana

1 žličica šafrana

Posolite po ukusu

4 žlice ulja gorušice

3 suhe crvene paprike

1 žličica garam masale

1 velika glavica luka, naribana

2 žličice paste od đumbira

1 žličica mljevene gorušice

1 žličica mljevenog korijandera

250 ml / 8 fl oz vode

1 žlica nasjeckanog lišća korijandera

metoda

- Ostavite ribu da se marinira s kurkumom i soli 30 minuta.
- Zagrijte ulje u tavi. Mariniranu ribu pržite na srednjoj vatri 2-3 minute. Okrenite i ponovite. Odložio ga je na stranu.
- Na istom ulju pržite paprike i garam masalu na srednjoj temperaturi 1-2 minute. Dodajte ostale sastojke osim listova korijandera. Dobro promiješajte i kuhajte 10 minuta. Dodajte ribu i dobro promiješajte.
- Kuhajte 10 minuta. Pospite listićima korijandera i poslužite vruće.

Macher kreveti

(riba kuhana na pari u listovima banane)

4 porcije

Sastojci

5 žlica sjemenki gorušice

5 zelenih paprika

1 žličica šafrana

1 žličica čilija u prahu

1 žlica gorušičinog ulja

½ žličice sjemena komorača

2 žlice lišća korijandera, sitno nasjeckanog

½ žličice šećera

Posolite po ukusu

750g / 1lb 10oz pastrva, bez kože i filetirana

20 × 15 cm / 8 × 6 in. Listovi banane, oprani

metoda

- Sve sastojke osim ribe i listova banane sameljite u glatku pastu. Ostavite ribu da se marinira u ovoj pasti 30 minuta.
- Umotajte ribu u listove banane i kuhajte na pari 20-25 minuta. Pažljivo odmotajte i poslužite vruće.

Chingri Machher Shorsher Jhole

(Carry od škampa i senfa)

4 porcije

Sastojci

6 suhih crvenih paprika

½ žličice šafrana

3 žličice sjemenki kumina

1 žlica sjemenki gorušice

12 češnjeva češnjaka

2 velike glavice luka

Posolite po ukusu

24 škampi, oguljene i očišćene

3 žlice ulja gorušice

500 ml / 16 fl oz vode

metoda

- Sameljite sve sastojke osim škampa, ulja i vode u glatku pastu. Ostavite škampe da se mariniraju u ovoj pasti 1 sat.
- Zagrijte ulje u tavi. Dodajte kozice i pržite na srednjoj vatri 4-5 minuta.
- Dodajte vodu. Dobro promiješajte i kuhajte 20 minuta. Poslužuje se vruće.

Kari od škampa i krumpira

4 porcije

Sastojci

3 žlice rafiniranog biljnog ulja

2 velike glavice luka sitno nasjeckane

3 rajčice, sitno nasjeckane

1 žličica paste od češnjaka

1 žličica čilija u prahu

½ žličice šafrana

1 žličica garam masale

250 g škampi, oguljenih i očišćenih

2 veća krumpira, narezana na kockice

250 ml / 8 tečnih oz vruće vode

1 žličica soka od limuna

10 g / ¼ oz lišća korijandera, nasjeckanog

Posolite po ukusu

metoda

- Zagrijte ulje u tavi. Pržite luk na laganoj vatri dok ne porumeni.
- Dodajte rajčice, pastu od češnjaka, čili u prahu, kurkumu i garam masalu. Prokuhajte 4-5 minuta. Dodajte preostale sastojke. Dobro promiješati.
- Kuhajte 20 minuta i poslužite vruće.

mekani škampi

(škampi kuhani u jednostavnom curryju)

4 porcije

Sastojci

3 žlice rafiniranog biljnog ulja

2 velike glavice luka sitno nasjeckane

2,5 cm / 1 in. Korijen đumbira, Juliana

8 režnjeva mljevenog češnjaka

4 zelene paprike, prerezane po dužini

375g / 13oz kozica, oguljenih i bez vena

3 rajčice, sitno nasjeckane

1 žličica šafrana

½ žličice čilija u prahu

Posolite po ukusu

750 ml / 1¼ litre kokosovog mlijeka

metoda

- Zagrijte ulje u tavi. Dodajte luk, đumbir, češnjak i zelenu papriku te pržite na srednjoj vatri 1-2 minute.
- Dodajte škampe, rajčice, kurkumu, čili u prahu i sol. Prokuhajte 5-6 minuta. Dodajte kokosovo mlijeko. Dobro promiješajte i kuhajte 10-12 minuta. Poslužuje se vruće.

Koliwada riba

(Ljuta pržena riba)

4 porcije

Sastojci

675 g / 1½ lb ribe, s kožom i filetiranom

Posolite po ukusu

1 žličica soka od limuna

250g / 9oz bezana*

3 žlice brašna

1 žličica šafrana

2 žličice chaat masale*

1 žličica garam masale

2 žlice nasjeckanog lišća korijandera

1 žlica sladnog octa

1 žličica čilija u prahu

4 žlice vode

Rafinirano biljno ulje za prženje

metoda

- Ostavite ribu da se marinira u soli i limunovom soku 2 sata.
- Sve preostale sastojke, osim ulja, umijesiti u gusto tijesto.
- Zagrijte ulje u tavi. Ribu obilno premažite tijestom i pržite na srednjoj vatri dok ne porumeni. Ocijedite i poslužite vruće.

Rolat od ribe i krumpira

4 porcije

Sastojci

675 g / 1½ lb korice limuna, oguljene i narezane

Posolite po ukusu

¼ žličice kurkume

1 veliki krumpir, kuhan

2 žličice soka od limuna

2 žlice nasjeckanog korijandera

2 manja luka nasjeckana

1 žličica garam masale

2-3 male zelene paprike

½ žličice čilija u prahu

Rafinirano biljno ulje za prženje

2 razmućena jaja

6-7 žlica krušnih mrvica

metoda

- Kuhajte ribu 15 minuta.
- Ocijedite i pomiješajte s preostalim sastojcima osim ulja, jaja i krušnih mrvica. Premijesiti i podijeliti na 8 rolata debljine 6 cm.
- Zagrijte ulje u tavi. Kiflice umočite u jaje, uvaljajte u prezle i pržite na srednjoj vatri dok ne porumene. Ocijedite i poslužite vruće.

Masala od škampa

4 porcije

Sastojci

4 žlice rafiniranog biljnog ulja

3 glavice luka, 1 narezana na ploške i 2 nasjeckana

2 žličice sjemenki korijandera

3 karanfila

2,5 cm/1 u cimetu

5 zrna papra

100 g / 3½ oz svježeg kokosa, naribanog

6 suhih crvenih paprika

500g / 1lb 2oz kozica, oguljenih i otkoštenih

½ žličice šafrana

250 ml / 8 fl oz vode

2 žličice paste od tamarinda

Posolite po ukusu

metoda

- U tavi zagrijte 1 žlicu ulja. Na srednjoj vatri pržite narezani luk, sjemenke korijandera, klinčiće, cimet, papar u zrnu, kokos i crvenu papriku 2-3 minute. Samljeti dok ne dobijete glatku pastu. Odložio ga je na stranu.
- Zagrijte preostalo ulje u tavi. Dodajte nasjeckani luk i pržite na srednjoj vatri dok ne porumeni. Dodajte kozice, šafran i vodu. Dobro promiješajte i kuhajte 5 minuta.
- Dodajte mljevenu pastu, pastu od tamarinda i sol. Pecite 15 minuta. Poslužuje se vruće.

riba s češnjakom

4 porcije

Sastojci

500 g / 1 lb 2 oz sabljarke, bez kože i filetirana

Posolite po ukusu

1 žličica šafrana

1 žlica rafiniranog biljnog ulja

2 velike glavice luka sitno naribane

2 žličice paste od češnjaka

½ žličice paste od đumbira

1 žličica mljevenog korijandera

125 g / 4½ oz pirea od rajčice

metoda

- Ostavite ribu da se marinira sa soli i kurkumom 30 minuta.
- Zagrijte ulje u tavi. Dodajte luk, pastu od češnjaka, pastu od đumbira i mljeveni korijander. Pržite na srednjoj vatri 2 minute.
- Dodajte pire od rajčice i ribu. Kuhajte 15-20 minuta. Poslužuje se vruće.

riža s krumpirom

4 porcije

Sastojci

150 g / 5½ oz ghee plus dodatak za prženje

1 veliki luk

2,5 cm / 1 in. korijen đumbira

6 češnjeva češnjaka

125 g / 4½ oz jogurta, tučenog

4 žlice mlijeka

2 kapsule zelenog kardamoma

2 karanfila

1 cm/½ u cimetu

250g/9oz basmati riže, namočene 30 minuta i ocijeđene

Posolite po ukusu

1 litra vode

15 indijskih oraščića, pečenih

Za knedle:

3 velika krumpira, kuhana i zgnječena

125 g / 4½ oz bezana*

½ žličice čilija u prahu

½ žličice šafrana

1 žličica garam masala praha

1 velika glavica luka, naribana

metoda

- Pomiješajte sve sastojke za kolač. Smjesu podijelite na male kolačiće.
- U tavi zagrijte ghee za prženje. Dodajte okruglice i pržite na srednje jakoj vatri dok ne porumene. Ocijediti i rezervisati.
- Samljeti luk, đumbir i češnjak dok ne nastane pasta.
- Zagrijte 60g/2oz gheeja u loncu. Dodajte pastu i pržite na srednje jakoj vatri dok ne postane prozirna.
- Dodajte jogurt, mlijeko i okruglice od krumpira. Kuhajte smjesu 10-12 minuta. Odložio ga je na stranu.
- U drugoj tavi zagrijte preostali ghee. Dodajte kardamom, klinčiće, cimet, rižu, sol i vodu. Pokrijte poklopcem i kuhajte 15-20 minuta.
- Smjesu riže i krumpira rasporedite u naizmjeničnim slojevima u posudu za pečenje. Završite slojem riže. Ukrasite indijskim oraščićima.
- Pecite rižu od krumpira u pećnici zagrijanoj na 200°C (400°F, plinska oznaka 6) 7-8 minuta. Poslužuje se vruće.

Umak od povrća

4 porcije

Sastojci

5 žlica rafiniranog biljnog ulja

2 karanfila

2 kapsule zelenog kardamoma

4 zrna crnog papra

2,5 cm/1 u cimetu

1 velika glavica luka sitno nasjeckana

1 žličica paste od đumbira

1 žličica paste od češnjaka

2 zelene paprike, nasjeckane

1 žličica garam masale

150 g / 5½ oz miješanog povrća (grah, krumpir, mrkva, itd.)

500 g / 1 lb riže dugog zrna od 2 oz, namočene 30 minuta i ocijeđene

Posolite po ukusu

600 ml / 1 litra tople vode

metoda

- Zagrijte ulje u tavi. Dodajte klinčiće, kardamom, papar i cimet. Pustite ih da mjehuri 15 sekundi.
- Dodajte luk i pržite na srednjoj vatri 2-3 minute uz povremeno miješanje.
- Dodajte pastu od đumbira, pastu od češnjaka, zelene papričice i garam masalu. Dobro promiješati. Pržite ovu smjesu minutu.
- Dodajte povrće i rižu. Pulao pržite na srednjoj vatri 4 minute.
- Dodajte sol i vodu. Dobro promiješati. Kuhajte na srednjoj vatri jednu minutu.
- Pokrijte poklopcem i kuhajte 10-12 minuta. Poslužuje se vruće.

Kachche Gosht ki Biryani

(Janjetina Biryani)

Za 4 do 6 porcija

Sastojci

1 kg / 2¼ lb janjetine, nasjeckane na komade od 5 cm / 2

1 litra vode

Posolite po ukusu

6 karanfila

5 cm / 2 in cimeta

5 kapsula zelenog kardamoma

4 lista lovora

6 zrna crnog papra

750g / 1lb 10oz basmati riže, namočene 30 minuta i ocijeđene

150 g / 5½ oz gheeja

Prstohvat šafrana otopljen u 1 žlici mlijeka

5 velikih glavica luka, narezanih i popŕženih

Za marinadu:

200 g / 7 oz jogurta

1 žličica šafrana

1 žličica čilija u prahu

1 žličica paste od đumbira

1 žličica paste od češnjaka

1 žličica soli

25 g / malo 1 unca lišća korijandera, sitno nasjeckanog

25 g listova metvice, sitno nasjeckanih

metoda

- Pomiješajte sve sastojke za marinadu i u ovoj smjesi marinirajte komade janjetine 4 sata.
- U tavi pomiješajte vodu sa soli, klinčićima, cimetom, kardamomom, lovorovim listom i paprom. Kuhajte na srednjoj vatri 5-6 minuta.
- Dodajte ocijeđenu rižu. Kuhajte 5-7 minuta. Ocijedite višak vode i sačuvajte rižu.
- Ulijte ghee u veliku vatrostalnu posudu i na njega stavite marinirano meso. Stavite rižu u sloj preko mesa.
- Na gornji sloj pospite šafranovo mlijeko i malo gheeja.
- Tepsiju zatvoriti aluminijskom folijom i poklopiti poklopcem.

- Kuhajte 40 minuta.
- Maknite s vatre i ostavite još 30 minuta.
- Biryani ukrasite lukom. Poslužuje se na sobnoj temperaturi.

Achari Gosht ki Biryani

(Janjeći biryani iz konzerve)

Za 4 do 6 porcija

Sastojci

4 glavice luka srednje veličine, nasjeckane

400 g jogurta

2 žličice paste od đumbira

2 žličice paste od češnjaka

1 kg / 2¼ lb janjetine, izrezane na komade od 5 cm / 2

2 žličice sjemenki kumina

2 žličice sjemenki piskavice

1 čajna žličica sjemenki luka

2 žličice sjemena gorušice

10 zelenih paprika

6½ žlica gheeja

50g / 1¾oz listova mente, sitno nasjeckanih

100 g / 3½ oz lišća korijandera, sitno nasjeckanog

2 rajčice, narezane na četvrtine

750g / 1lb 10oz basmati riže, namočene 30 minuta i ocijeđene

Posolite po ukusu

3 karanfila

2 lista lovora

5 cm / 2 in cimeta

4 zrna crnog papra

Veliki prstohvat kurkume otopljen u 1 žlici mlijeka

metoda

- Pomiješajte luk, jogurt, pastu od đumbira i češnjaka. Ostavite janjetinu da se marinira u ovoj smjesi 30 minuta.
- Pecite kumin, piskavicu, luk i sjemenke gorušice. Samljeti ih u grubu smjesu.
- Zelene paprike narežite i napunite mljevenom smjesom. Odložio ga je na stranu.
- U tavi zagrijte 6 žlica gheeja. Dodajte ovčetinu. Pecite janjetinu na srednjoj vatri 20 minuta. Provjerite jesu li sve strane komada janjetine ravnomjerno zapečene.
- Dodajte punjene zelene paprike. Nastavite kuhati još 10 minuta.
- Dodajte listove metvice, listove korijandera i rajčice. Dobro miješajte 5 minuta. Odložio ga je na stranu.
- Pomiješajte rižu sa soli, klinčićima, lovorovim listom, cimetom i paprom u zrnu. Prokuhajte smjesu. Odložio ga je na stranu.
- Preostali ghee ulijte u tepsiju.
- Na ghee stavite pržene komade janjetine. Skuhanu rižu rasporedite u sloju preko janjetine.
- Šafranovo mlijeko prelijte preko riže.

- Lonac zatvorite aluminijskom folijom i poklopite poklopcem. Pecite biryani u prethodno zagrijanoj pećnici na 200°C (400°F, plinska oznaka 6) 8-10 minuta.
- Poslužuje se vruće.

Yakhni Pulao

(Kašmir Pulao)

4 porcije

Sastojci

600 g / 1 lb 5 oz janjetine, izrezane na komade od 2,5 cm / 1 in

2 lista lovora

10 zrna crnog papra

Posolite po ukusu

1,7 litara / 3 litre tople vode

5 žlica rafiniranog biljnog ulja

4 karanfila

3 kapsule zelenog kardamoma

2,5 cm/1 u cimetu

1 žlica paste od češnjaka

1 žlica paste od đumbira

3 velike glavice luka sitno nasjeckane

500g / 1lb 2oz basmati riže, namočene 30 minuta i ocijeđene

1 žličica mljevenog kima

2 žličice mljevenog korijandera

200 g / 7 oz jogurta, istučenog

1 žličica garam masale

60g/2oz luka, narezanog i prženog

4-5 pečenih grožđica

½ narezanog krastavca

1 narezana rajčica

1 jaje, kuhano i narezano

1 zelena paprika, narezana na ploške

metoda

- U vodu dodajte janjetinu, lovor, papar u zrnu i sol. Ovu smjesu kuhajte u tavi na srednjoj vatri 20-25 minuta.
- Smjesu janjetine ocijedite i stavite sa strane. Rezervna zaliha.
- Zagrijte ulje u tavi. Dodajte klinčiće, kardamom i cimet. Pustite ih da mjehuri 15 sekundi.
- Dodajte pastu od češnjaka, đumbira i luka. Pržite na srednjoj vatri dok ne porumene.
- Dodajte smjesu od ovčetine. Pržite 4-5 minuta uz redovito miješanje.
- Dodajte rižu, kumin, korijander, jogurt, garam masalu i sol. Lagano promiješajte.
- Dodajte ovčji temeljac, zajedno s dovoljno vruće vode da bude jedan centimetar iznad razine riže.
- Pulao kuhajte 10-12 minuta.

- Ukrasite ploškama luka, grožđicama, krastavcima, rajčicama, jajetom i zelenom paprikom. Poslužuje se vruće.

Hyderabadi Biryani

4 porcije

Sastojci

1 kg / 2¼ lb janjetine, izrezane na 3,5 cm / 1½ in.

2 žličice paste od đumbira

2 žličice paste od češnjaka

Posolite po ukusu

6 žlica rafiniranog biljnog ulja

500 g / 1 lb 2 oz jogurta

2 litre / 3½ litre vode

2 veća krumpira, oguljena i narezana na četvrtine

750g / 1lb 10oz basmati riže, prethodno kuhane

1 žlica gheeja, zagrijanog

Za mješavinu začina:

4 velike glavice luka, tanko narezane

3 karanfila

2,5 cm/1 u cimetu

3 kapsule zelenog kardamoma

2 lista lovora

6 zrna papra

6 zelenih paprika

50g / 1¾oz lišća korijandera, zdrobljenih

2 žličice soka od limuna

1 žlica mljevenog kima

1 žličica šafrana

1 žlica mljevenog korijandera

metoda

- Marinirajte janjetinu s pastom od đumbira, pastom od češnjaka i soli 2 sata.
- Pomiješajte sve sastojke mješavine začina.
- Zagrijte ulje u tavi. Dodajte mješavinu začina i pržite na srednjoj vatri 5-7 minuta.
- Dodajte jogurt, mariniranu janjetinu i 250 ml vode. Kuhajte 15-20 minuta uz povremeno miješanje.
- Dodajte krumpir, rižu i preostalu vodu. Kuhajte 15 minuta.
- Prelijte ghee preko riže i dobro pokrijte poklopcem.
- Kuhajte dok riža ne bude gotova. Poslužuje se vruće.

Riža sa začinima i povrćem

4 porcije

Sastojci

4 žlice rafiniranog biljnog ulja

2 velika luka, tanko narezana

1 žlica paste od đumbira

1 žlica paste od češnjaka

6 zrna papra

2 lista lovora

3 kapsule zelenog kardamoma

2,5 cm/1 u cimetu

3 karanfila

1 žličica šafrana

1 žlica mljevenog korijandera

6 crvenih mljevenih paprika

50g / 1¾oz svježeg kokosa, naribanog

200g / 7oz smrznutog povrća

2 kriške nasjeckanog ananasa

10-12 indijskih oraščića

200 g / 7 oz jogurta

Posolite po ukusu

750g / 1lb 10oz basmati riže, prethodno kuhane

žuti obris

4 žličice gheeja

1 žlica mljevenog kima

3 žlice lišća korijandera, sitno nasjeckanog

metoda

- Zagrijte ulje u tavi. Dodajte sav luk, pastu od đumbira i pastu od češnjaka. Pržite smjesu na srednjoj vatri dok luk ne postane proziran.
- Dodajte papar u zrnu, lovor, kardamom, cimet, klinčiće, kurkumu, mljeveni korijander, čili i kokos. Dobro promiješati. Pržite 2-3 minute uz povremeno miješanje.
- Dodajte povrće, ananas i indijske oraščiće. Pržite smjesu 4-5 minuta.
- Dodajte jogurt. Dobro miješajte jednu minutu.
- Rasporedite rižu u sloju preko mješavine povrća i posipajte prehrambenom bojom po vrhu.
- Zagrijte ghee u drugoj manjoj tavi. Dodajte kumin u prahu. Ostavite da se ljulja 15 sekundi.
- To prelijte izravno preko riže.
- Pokrijte poklopcem i pazite da ne izlazi para. Kuhajte na laganoj vatri 10-15 minuta.
- Ukrasite listićima korijandera. Poslužuje se vruće.

Kale Moti ki Biryani

(All Black Gram Biryani)

4 porcije

Sastojci

500g / 1lb 2oz basmati riže, namočene 30 minuta i ocijeđene

500 ml / 16 fl oz mlijeka

1 žličica garam masale

500 ml / 16 fl oz vode

Posolite po ukusu

75 g / 2½ oz gheeja

2 žličice paste od đumbira

2 žličice paste od češnjaka

3 zelene paprike, prerezane po dužini

6 velikih krumpira, oguljenih i narezanih na četvrtine

2 nasjeckane rajčice

½ žličice čilija u prahu

⅓ žličica: kurkume

200 g / 7 oz jogurta

300 g / 10 oz graha*, kuhano

1 žličica kurkume, namočene u mlijeku 60 ml / 2 fl oz

25 g / malo 1 unca lišća korijandera, sitno nasjeckanog

10 g / ¼ oz listova mente, sitno nasjeckanih

2 velika luka, narezana i popržena

3 kapsule zelenog kardamoma

5 karanfila

2,5 cm/1 u cimetu

1 list lovora

metoda

- Kuhajte rižu s mlijekom, garam masalom, vodom i soli u loncu na srednjoj vatri 7-8 minuta. Odložio ga je na stranu.
- Zagrijte ghee u vatrostalnom materijalu. Dodajte pastu od đumbira i pastu od češnjaka. Pržite na srednjoj vatri jednu minutu.
- Dodati zelenu papriku i krumpir. Pržite smjesu 3-4 minute.
- Dodajte rajčice, čili u prahu i kurkumu. Dobro promiješati. Pržite 2-3 minute uz stalno miješanje.
- Dodajte jogurt. Dobro miješajte 2-3 minute.
- Dodajte urad grah. Kuhajte na laganoj vatri 7 do 10 minuta.
- Po grahu pospite listove korijandera, listiće metvice, luk, kardamom, klinčiće, cimet i lovor.
- Kuhanu rižu ravnomjerno rasporedite po smjesi graha. Šafranovo mlijeko prelijte preko riže.

- Zatvorite aluminijskom folijom i poklopite poklopcem.
- Pecite biryani u pećnici zagrijanoj na 200°C (400°F, plinska oznaka 6) 15-20 minuta. Poslužuje se vruće.

Mince & Masoor Pulao

(Cijela i nasjeckana crvena leća s pilau rižom)

4 porcije

Sastojci

6 žlica rafiniranog biljnog ulja

2 karanfila

2 kapsule zelenog kardamoma

6 zrna crnog papra

2 lista lovora

2,5 cm/1 u cimetu

1 žličica paste od đumbira

1 žličica paste od češnjaka

1 velika glavica luka sitno nasjeckana

2 zelene paprike, nasjeckane

1 žličica čilija u prahu

½ žličice šafrana

2 žličice mljevenog korijandera

1 žličica mljevenog kima

500 g / 1 lb 2 oz mljevenog mesa

150 g / 5½ oz cijele mjere*, namočen 30 minuta i ocijeđen

250g/9oz riže dugog zrna, namočene 30 minuta i ocijeđene

750 ml / 1¼ litre vruće vode

Posolite po ukusu

10 g / ¼ oz lišća korijandera, sitno nasjeckanog

metoda

- Zagrijte ulje u tavi. Dodajte klinčiće, kardamom, papar, lovorov list, cimet, pastu od đumbira i pastu od češnjaka. Pržite ovu smjesu na srednjoj vatri 2-3 minute.
- Dodajte luk. Pržite dok ne postane prozirno.
- Dodajte zeleni papar. Pržite minutu.
- Dodajte čili u prahu, kurkumu, mljeveni korijander i kumin. Miksajte 2 minute.
- Dodajte mljeveno meso, masoor i rižu. Dobro pržite na srednjoj vatri 5 minuta uz lagano miješanje u pravilnim razmacima.
- Dodajte vruću vodu i posolite.
- Pokrijte poklopcem i kuhajte 15 minuta.
- Ukrasite pulao listićima korijandera. Poslužuje se vruće.

Pileći Biryani

4 porcije

Sastojci

1 kg / 2¼ lb piletine bez kostiju i kože, izrezane na 8 komada

6 žlica rafiniranog biljnog ulja

10 indijskih oraščića

10 grožđica

500g / 1lb 2oz basmati riže, namočene 30 minuta i ocijeđene

3 karanfila

2 lista lovora

5 cm / 2 in cimeta

4 zrna crnog papra

Posolite po ukusu

4 velike glavice luka sitno nasjeckane

250 ml / 8 fl oz vode

2½ žlice gheeja

Veliki prstohvat kurkume otopljen u 1 žlici mlijeka

Za marinadu:

1½ žličice paste od češnjaka

1½ žličice paste od đumbira

3 zelene paprike, sitno nasjeckane

1 žličica garam masale

1 žličica mljevenog crnog papra

1 žlica mljevenog korijandera

2 žličice mljevenog kima

125 g / 4½ oz jogurta

metoda

- Pomiješajte sve sastojke za marinadu. Ostavite piletinu da se marinira u ovoj smjesi 3-4 sata.
- Zagrijte 1 žlicu ulja u maloj tavi. Dodajte indijske oraščiće i grožđice. Pržite na srednjoj vatri dok ne porumene. Ocijediti i rezervisati.
- Ocijeđenu rižu skuhajte s klinčićima, lovorovim listom, cimetom, paprom i soli. Odložio ga je na stranu.
- U tavi zagrijte 3 žlice ulja. Dodajte komade piletine i pržite na srednjoj vatri 20 minuta uz povremeno okretanje. Odložio ga je na stranu.
- U drugoj tavi zagrijte preostalo ulje. Dodajte luk i pržite na srednje jakoj vatri dok ne porumeni.
- Dodajte pržene komade piletine. Kuhajte još 5 minuta na srednjoj vatri.
- Dodajte vodu i kuhajte dok piletina ne bude kuhana. Odložio ga je na stranu.
- Ulijte 2 žlice gheeja u tepsiju. Dodajte smjesu s piletinom. Rasporedite rižu u sloju preko piletine.
- Prelijte šafranovo mlijeko na vrh i dodajte preostali ghee.

- Zatvorite aluminijskom folijom i dobro pokrijte poklopcem.
- Pecite na 200°C (400°F, plinska oznaka 6) 8-10 minuta.
- Ukrašava se prženim indijskim oraščićima i grožđicama. Poslužuje se vruće.

Rižoto od kozica

6 porcija

Sastojci

600g / 1lb 5oz velikih, čistih, rebrastih kozica

Posolite po ukusu

1 žličica šafrana

250 ml / 8 fl oz rafiniranog biljnog ulja

4 velika luka, narezana na ploške

4 nasjeckane rajčice

2-3 krumpira očistiti i narezati na kockice

50g / 1¾oz lišća korijandera, sitno nasjeckanog

25 g listova metvice, sitno nasjeckanih

200 g / 7 oz jogurta

2 zelene paprike, nasjeckane

450 g / 1 lb basmati riže kuhane na pari (vidi[Ovdje](Ovdje))

Za mješavinu začina:

4 karanfila

2,5 cm/1 u cimetu

3 kapsule zelenog kardamoma

4 zrna crnog papra

2-3 zelene paprike

¼ svježeg kokosa, naribanog

4 crvene paprike

12 češnjeva češnjaka

1 žličica kumina

1 žličica korijandera

metoda

- Sve sastojke začinske mješavine krupno samljeti. Odložio ga je na stranu.
- Pomiješajte škampe sa soli i kurkumom. Odložio ga je na stranu.
- U tavi zagrijte 2 žlice ulja. Dodajte luk i pržite na srednje jakoj vatri dok ne porumeni. Odložio ga je na stranu.
- Zagrijte preostalo ulje u tavi. Dodajte polovinu prženog luka zajedno s mljevenom mješavinom začina. Dobro izmiješajte i pržite na srednjoj vatri minutu.
- Dodajte rajčice, krumpir, sol i škampe. Kuhajte smjesu 5 minuta.
- Dodajte korijander, listiće mente, jogurt i zeleni papar. Dobro promiješati. Kuhajte 10 minuta, lagano miješajući u čestim intervalima. Odložio ga je na stranu.
- U veliki lonac rasporedite smjesu riže i škampa u naizmjeničnim slojevima. Završite slojem riže.

- Pospite preostalim lukom, pokrijte poklopcem i kuhajte 30 minuta. Poslužuje se vruće.

Biryani s krumpirovim jajima

Za 4-5 porcija

Sastojci

5 žlica rafiniranog biljnog ulja

3 karanfila

2,5 cm/1 u cimetu

3 kapsule zelenog kardamoma

2 lista lovora

6 zrna papra

3 velike glavice luka sitno nasjeckane

3 velike rajčice, sitno nasjeckane

Posolite po ukusu

¼ žličice kurkume

200 g / 7 oz jogurta

3 veća krumpira, oguljena, narezana na četvrtine i pržena

6 tvrdo skuhanih jaja i prepoloviti po dužini

300g / 10oz basmati riže kuhane na pari

2 žlice gheeja

1 žlica sjemenki kumina

žuti obris

Za mapu:

1 žlica bijelog sezama

4-5 crvenih paprika

8 češnjeva češnjaka

5 cm / 2 in. od korijena đumbira

2-3 zelene paprike

50g/1oz lišća korijandera

1 žlica sjemenki korijandera

metoda

- Pomiješajte sve sastojke za pastu s dovoljno vode da dobijete gustu pastu. Odložio ga je na stranu.
- Zagrijte ulje u tavi. Dodajte sve klinčiće, cimet, kardamom, lovorov list i papar u zrnu. Pustite ih da mjehuriće 30 sekundi.
- Dodajte luk. Pržite ih na srednjoj vatri dok ne postanu prozirni.
- Dodajte pastu od rajčice, sol i kurkumu. Pržite 2-3 minute uz povremeno miješanje.
- Dodajte jogurt. Smjesu kuhajte na srednjoj vatri uz stalno miješanje.
- Dodajte krumpir. Dobro izmiješajte da se oblože umakom.
- Nježno umiješajte komadiće jaja, stranom sa žumanjcima prema gore.
- Preko komada jaja rasporedite rižu. Ostavite aranžman sa strane.

- Zagrijte ghee u malom loncu. Dodajte sjemenke kumina. Pustite ih da mjehuri 15 sekundi.
- Ovu smjesu izlijte direktno na vrh aranžmana riže.
- Pospite bojom za hranu i pokrijte posudu poklopcem.
- Kuhajte 30 minuta. Poslužuje se vruće.

Nasjeckajte Pulao

(Janjeće kriške s pilau rižom)

4 porcije

Sastojci

5 žlica rafiniranog biljnog ulja

2 karanfila

2 kapsule zelenog kardamoma

6 zrna crnog papra

2 lista lovora

2,5 cm/1 u cimetu

1 velika glavica luka sitno nasjeckana

1 žličica paste od đumbira

1 žličica paste od češnjaka

2 zelene paprike, nasjeckane

2 žličice mljevenog korijandera

1 žličica čilija u prahu

½ žličice šafrana

1 žličica mljevenog kima

500 g / 1 lb 2 oz mljevenog mesa

350g / 12oz riže dugog zrna, natopljene 30 minuta u vodi i ocijeđene

750 ml / 1¼ fl oz tople vode

Posolite po ukusu

10 g / ¼ oz lišća korijandera, sitno nasjeckanog

metoda

- Zagrijte ulje u tavi. Dodajte klinčiće, kardamom, papar, lovorov list i cimet. Pustite ih da mjehuri 15 sekundi.
- Dodajte luk. Pržite na srednjoj vatri dok ne postane prozirno.
- Dodajte pastu od đumbira, pastu od češnjaka, zeleni čili, korijander u prahu, čili u prahu, kurkumu i kumin u prahu.
- Pržiti 2 minute. Dodajte mljeveno meso i rižu. Ovu smjesu pržite 5 minuta.
- Dodajte vruću vodu i posolite.
- Pokrijte poklopcem i kuhajte 15 minuta.
- Ukrasite pulao listićima korijandera. Poslužuje se vruće.

Chana Pulao

(Slanutak s pilau rižom)

4 porcije

Sastojci

2 žlice rafiniranog biljnog ulja

1 žličica sjemenki kumina

1 velika glavica luka sitno nasjeckana

1 žličica paste od đumbira

1 žličica paste od češnjaka

2 zelene paprike, nasjeckane

300 g / 10 oz konzerviranog slanutka

300g / 10oz riže dugog zrna, namočene 30 minuta i ocijeđene

Posolite po ukusu

250 ml / 8 fl oz vode

metoda

- Zagrijte ulje u tavi. Dodajte sjemenke kumina. Pustite ih da mjehuri 15 sekundi.
- Dodajte luk, pastu od đumbira, pastu od češnjaka i zelenu papriku. Pržite ovu smjesu na srednjoj vatri 2-3 minute.

- Dodajte slanutak i rižu. Pržiti 4-5 minuta.
- Dodajte sol i vodu. Kuhajte pulao na srednjoj vatri jednu minutu.
- Pokrijte poklopcem i kuhajte 10-12 minuta.
- Poslužuje se vruće.

Jednostavan Khichdi

(Melange od riže i leće)

4 porcije

Sastojci

1 žlica gheeja

1 žličica sjemenki kumina

2 zelene paprike, prerezane po dužini

250g / 9oz riže dugog zrna

150 g / 5½ oz Mung Dhal*

1 litra / 1¾ litre vruće vode

Posolite po ukusu

metoda

- Zagrijte ghee u tavi. Dodajte sjemenke kima i zeleni čili. Pustite ih da mjehuri 15 sekundi.
- Dodajte rižu i mung dhal. Pržiti 5 minuta.
- Dodajte vruću vodu i posolite. Dobro promiješati. Pokrijte poklopcem. Kuhajte khichdi 15 minuta - trebao bi imati konzistenciju poput kaše.
- Poslužuje se vruće.

Masala riža

(ljuta riža)

4 porcije

Sastojci

6 žlica rafiniranog biljnog ulja

½ žličice sjemena gorušice

10 listova curryja

2 zelene paprike, prerezane po dužini

¼ žličice kurkume

2 velike glavice luka sitno nasjeckane

½ žličice čilija u prahu

2 žličice soka od limuna

Posolite po ukusu

300 g / 10 oz kuhane riže dugog zrna

1 žlica nasjeckanog lišća korijandera

metoda

- Zagrijte ulje u tavi. Dodajte sjemenke gorušice, listove curryja i zeleni čili. Pustite ih da mjehuri 15 sekundi. Dodajte šafran i luk. Pržite smjesu na srednjoj vatri dok luk ne dobije zlatnu boju.
- Dodajte preostale sastojke osim cilantra. Lagano miješajte na laganoj vatri 5 minuta. Ukrasite listićima korijandera. Poslužuje se vruće.

riža s lukom

4 porcije

Sastojci

5 žlica rafiniranog biljnog ulja

½ žličice sjemena gorušice

½ žličice kumina

4 srednje glavice luka, tanko narezane

3 zelene paprike, sitno nasjeckane

5 češnja mljevenog češnjaka

300g / 10oz basmati riže kuhane na pari

Posolite po ukusu

60 ml / 2 fl oz vode

10 g / ¼ oz lišća korijandera, nasjeckanog

metoda

- Zagrijte ulje u tavi. Dodajte sjemenke gorušice i kumin. Pustite ih da mjehuri 15 sekundi.
- Dodajte luk, zelenu papriku i češnjak. Pržite ovu smjesu na srednjoj vatri dok luk ne postane proziran.

- Dodajte rižu, sol i vodu. Kuhajte na srednjoj vatri 5-7 minuta.
- Ukrasite rižu od luka listićima korijandera. Poslužuje se vruće.

kuhana riža

4 porcije

Sastojci

375g / 13oz riže dugog zrna ili basmati riže

750 ml / 1¼ litre vode

metoda

- Rižu dobro operite.
- Zagrijte vodu u tavi. Dodajte rižu i kuhajte na jakoj vatri 8 do 10 minuta.
- Palcem i kažiprstom nježno pritisnite zrno riže da provjerite je li kuhano.
- Maknite s vatre i ocijedite u cjedilu. Poslužuje se vruće.

Škampi Pulao

(Kuhani škampi s pilau rižom)

4 porcije

Sastojci

250 g škampi, oguljenih i očišćenih

Posolite po ukusu

1 žličica šafrana

8 žlica rafiniranog biljnog ulja

1 veliki luk, nasjeckan

2 nasjeckane rajčice

1 žličica paste od đumbira

2 žličice paste od češnjaka

2 zelene paprike, nasjeckane

2 žličice mljevenog korijandera

1 žličica mljevenog kima

½ žličice čilija u prahu

500 g / 1 lb riže dugog zrna od 2 oz, namočene 30 minuta i ocijeđene

1 litra / 1¾ litre vruće vode

25 g / malo 1 unca lišća korijandera, sitno nasjeckanog

metoda

- Marinirajte kozice sa soli i šafranom. Rezervirajte 20 minuta.
- Zagrijte ulje u tavi. Pržite luk na srednjoj vatri dok ne postane proziran.
- Dodajte rajčice, pastu od đumbira, pastu od češnjaka, zelenu papriku, mljeveni korijander, kumin u prahu i čili u prahu. Pržite ovu smjesu 2-3 minute.
- Dodajte kozice i dobro pržite 4-5 minuta.
- Dodajte rižu i nastavite pržiti pulao 5 minuta.
- Dodajte vodu i sol. Pokrijte poklopcem i kuhajte 15 minuta.
- Ukrasite pulao listićima korijandera. Poslužuje se vruće.

www.ingramcontent.com/pod-product-compliance
Lightning Source LLC
Chambersburg PA
CBHW071424080526
44587CB00014B/1740